ART ET MESURE DE L'ESPACE

PSYCHOLOGIE ET SCIENCES HUMAINES

Eugénie De Keyser

art
et mesure
de l'espace

CHARLES DESSART, ÉDITEUR

2, GALERIE DES PRINCES, BRUXELLES

INTRODUCTION

Peindre et sculpter sont des occupations très anciennes dont on ne voit pas toujours la nécessité; elles sont cependant aussi indispensables à l'homme que le langage et l'écriture. C'est, pour une large part, grâce aux œuvres d'art que nous arrivons à nous situer dans l'espace et à donner un sens à nos rapports avec le monde sensible; c'est pourquoi nous voudrions évoquer dans ces quelques pages la manière dont les statues et les tableaux donnent une signification cohérente à ce que nous percevons. Nous ne pourrons analyser que quelques cas, nous essayerons cependant de déceler à travers eux ce que peut signifier l'acte de peindre ou de sculpter.

Le processus même de la création artistique est très difficile à étudier directement dans ses manifestations concrètes. L'introduction d'une forme vraiment nouvelle est rare et imprévisible. S'il est aussi naturel de dessiner et de modeler que de marcher ou de parler, moins de cent sculpteurs peut-être et un millier de peintres ont inventé tout ce que nous connaissons de l'art occidental. Exceptionnelles, de telles découvertes tirent cependant leur substance du milieu où elles naissent; elles s'y enracinent et le fécondent à leur tour. Les formes répétées par les imitateurs de toutes sortes se multiplient et constituent un milieu cohérent qui donne au visible une structure définie, propre à telle ou telle société. Il y a alliance étroite et échange d'influence entre l'art et tous les membres de la communauté humaine dans laquelle il se développe. Peinture et sculpture font partie de notre vie. Nous les rencontrons journellement dans les jardins publics, dans les galeries, dans les églises, dans nos demeures. Si même nous n'avons aucun contact avec les originaux le *musée imaginaire* est partout à portée de notre regard et l'écho des formes se colle en larges affiches sur les murs et s'insinue jusque dans nos cuisines en imprimant leurs couleurs sur les emballages des poudres à lessiver et des biscuits. Nous en sommes environnés de toutes parts, presque à notre insu, et le sens des œuvres, leur interprétation du visible et de l'espace nous pénètre. Il va de soi que les artistes sont pris dans les mêmes rets; en outre, ils participent comme nous à la vie sociale et aux croyances de leur milieu; ils ne sont pas des étrangers dans leur ville ou leur village; ce qu'ils peignent, ce qu'ils sculptent est lié à la vie de la communauté; c'est-à-dire à la nôtre.

Ces échanges entre tous les membres d'une même société ont des racines profondes, on ne peut les limiter au contact immédiat entre le public et l'œuvre d'art. Les tableaux des impressionnistes ont fait rire ceux-là mêmes dont ils exprimaient les rapports avec le sensible. La création artistique dépend effectivement, nous le verrons, d'opinions et de conduites collectives, mais elle ne peut se comprendre à partir du goût d'une époque ou des vicissitudes de la commande. Presque toujours, l'amateur se satisfait de l'œuvre de la veille parce qu'elle est déjà intégrée à sa vie. L'adhésion est nécessairement postérieure à l'œuvre et ne peut donc expliquer sa naissance; elle n'éclaire pas toujours sa signification; elle peut tout au plus en favoriser la diffusion et lui assurer une postérité. De toutes manières, l'histoire du goût ne coïncide pas avec l'histoire de l'art. Ce n'est donc pas en étudiant les réactions du public qu'on peut espérer connaître le sens des œuvres et leur origine. En revanche, le milieu et ses croyances fondamentales peuvent, nous le verrons, influencer directement les formes. C'est donc l'artiste dans sa situation concrète et plus encore les œuvres elles-mêmes qui seront l'objet de notre étude.

Les témoignages essentiels restent le tableau et la statue. C'est par leur analyse que nous espérons mettre en lumière le sens dont ils sont porteurs. Il va sans dire que l'artiste lui-même est un témoin de l'œuvre et qu'il doit être interrogé; mais les textes qu'il a pu laisser, ses confidences, les réponses qu'il a données au cours d'entretiens ne permettent jamais qu'une approche partielle de ce qu'il exprime par les couleurs ou les formes. Quelques-uns sont à la fois peintre ou sculpteur et poète: Michel-Ange, Paul Klee ou Michaux nous ont transmis par le langage une part de ce qu'ils avaient à dire, mais il va de soi qu'aucun d'eux n'aurait pris la peine de prendre en main le ciseau ou le pinceau si les mots suffisaient à construire un espace. Ce qu'expriment la peinture et la sculpture est d'une autre nature que la parole. La manifestation est tout entière dans ce qui nous est donné à voir, c'est cela qu'il faut pénétrer pour comprendre. Toute explication doit chercher à suivre, aussi étroitement qu'il est possible, les investigations du regard.

Les démarches successives d'un artiste s'éclairent mutuellement; c'est pourquoi une œuvre isolée livre difficilement toute sa signification. Les changements qui se manifestent d'une œuvre à l'autre indiquent mieux qu'aucune confidence les directions suivies et les intentions profondes; celles-ci ne sont d'ailleurs jamais formulées explicitement, elles ne pourraient l'être. C'est en découvrant l'insuffisance d'un premier essai que l'artiste cherche une formule nouvelle. Le plus souvent, lui seul est capable de déceler des faiblesses qui n'apparaissent pas au spectateur. Il juge en effet en fonction d'une œuvre future que nous ignorons, que lui devine à peine, et qui ne prendra corps que bien longtemps après. Lorsque Michel-Ange sculpta la *Pietà* du Vatican, il put croire un instant avoir fait un chef-d'œuvre; ses contemporains le crurent avec lui, ceux mêmes qui y virent des défauts ne pouvaient la juger qu'en fonction de statues existantes; seul, Michel-Ange lui-même pouvait réellement la mettre en question. Nous savons qu'il le fit, sans qu'aucune confidence de sa part ne vienne confirmer cette opinion; simplement il nous suffit de considérer ses œuvres postérieures qui, toutes, récusent l'harmonie élégante de la *Pietà*.

Nous devrons donc nous attacher à étudier le développement de toute une carrière plutôt que de nous contenter d'œuvres isolées. Cependant notre but n'est pas de présenter l'étude exhaustive d'un cas particulier, mais de faire voir comment telle et telle démarches particulières peuvent éclairer l'acte de peindre et de sculpter; nous avons donc dû chaque fois nous limiter aux articulations les plus typiques d'une évolution. Pour rester dans le concret, nous avons cru bon de limiter le nombre des exemples de manière que la même recherche puisse se présenter sous divers aspects et devenir en quelque sorte familière au lecteur. Les choix que nous avons faits ne supposent aucun jugement qualitatif; simplement il nous a semblé que le sens de l'œuvre d'art en général était particulièrement bien mis en lumière par ce que nous pouvions connaître d'un Cézanne ou d'un H. Moore par exemple.

C'est ce point de vue tout à fait général qui nous a engagé aussi à ne pas nous en tenir à l'analyse d'œuvres contemporaines, ni même à celle des cent dernières années. Il est vrai que l'art vivant nous intéresse directement car il est étroitement lié à nos rapports personnels avec les choses, à notre manière actuelle de vivre dans l'espace; mais sa signification s'éclaire par des exemples du passé et, par ailleurs, il n'épuise pas les possibilités de la peinture et de la sculpture. Ce qu'il y a de fondamental et de permanent dans l'art n'appartient à aucune époque en particulier, c'est pourquoi l'essence des rapports entre l'espace vécu et les œuvres des peintres et des sculpteurs ne se découvre qu'à travers l'histoire.

Encore faut-il se garder de considérer les œuvres anciennes comme de simples objets de curiosité. Placées dans les musées, décorant des intérieurs, devenues un patrimoine privé ou public, les idoles et les icônes d'autrefois sont aujourd'hui étrangères à la vie. Ce sont des moyens de nous dépayser, de nous divertir, au sens pascalien du terme. Et, par analogie, on envisage ce but pour toute œuvre d'art: ce sont, dira-t-on, des objets de délectation ou des formes curieuses dont on doit jouir, sans plus. On ne voit plus de lien entre leur ancien caractère sacré et ce qu'elles sont devenues pour nous et il est difficile d'accorder une signification à la longue tâche accomplie depuis des millénaires par les inventeurs de formes. N'est-il pas plus juste, et plus raisonnable, de croire avec le sculpteur H. Moore que ces œuvres sont des moyens de pénétrer la réalité?

Les idoles et les icônes de nos musées ont servi au culte et à la magie; elles étaient adaptées à ce rôle parce que c'étaient des sculptures et des peintures; leur nature même les vouait à soutenir une croyance ou à recevoir une adoration. Le pouvoir attribué à ces objets n'est pas un élément surajouté, ils sont efficaces par eux-mêmes. Ainsi, la peinture servait-elle à montrer les sens du visible dont elle dévoilait les liens avec la divinité ou avec la mort. Le fidèle, en regardant les fresques et les tableaux, prenait conscience de ce qui, pour lui, était la vérité du monde. Il ne s'agissait pas d'illustrer une histoire, de raconter par les images, il fallait rendre accessible la cohérence des choses, révéler la valeur véritable des corps, des objets, leurs rapports entre eux, et cela de la manière la plus immédiate, par le regard.

La peinture, aujourd'hui, ne fait pas autre chose, simplement elle nous montre d'autres objets et fait état de croyances nouvelles. Sans doute n'y a-t-il pas de différence spécifique entre le sens d'une statue d'H. Moore ou de Chadwick et celui de l'effigie d'un dieu d'Egypte ou d'une vierge romane. Les unes et les autres habitent l'espace d'une manière analogue et sans doute pourrons-nous, en les interrogeant, voir de quelle manière elles sont une manière de pénétrer la réalité, c'est-à-dire de mieux comprendre notre situation de conscience-corps dans l'espace, car il semble bien que c'est là l'essentiel de ce que ces formes peuvent révéler aujourd'hui comme hier.

L'objet de notre étude sera donc de mettre en lumière les rapports entre les formes et l'espace vécu. Ces rapports, ou du moins les manières dont ils s'expriment, sont très variables; il nous faudra donc aussi examiner les conditions des changements qui s'opèrent constamment dans la peinture et dans la sculpture; l'apparition de nouveauté dans ce domaine, c'est-à-dire la création artistique proprement dite, est évidemment en étroite liaison avec le problème de la signification des œuvres et de leur insertion dans la vie des hommes.

LES STYLES

Toute œuvre d'art est liée à l'histoire et à un milieu social et culturel déterminé. Elle prend naissance parmi d'autres formes qui, le plus souvent, constituent un ensemble cohérent. La création individuelle se greffe ainsi sur le style dont elle tire une part de sa substance.

Cependant, cette unité des formes apparaît plus facilement lorsqu'on ne s'y trouve pas immergé. Nous voyons mal les caractères identiques de tout ce qui nous entoure mais nous reconnaissons sans peine un style ancien. Il est évident pour nous que les enluminures romanes sont apparentées entre elles et qu'elles sont très proches de quantité d'objets de même époque, émaux, ivoires, orfèvreries ou étoffes. Elles s'accordent aussi avec les fresques et les architectures. Partout on retrouve une même façon de concevoir les figures, le décor, la composition, d'accepter ou de refuser les vides. Si bien qu'on imaginerait volontiers qu'une telle unité est le fruit d'un travail en commun où se perd l'individualité de chacun et l'invention personnelle. S'il arrive qu'une signature soit conservée et que plusieurs

œuvres d'une même main nous révèlent une note originale, la cohérence générale du style n'en est pas pour
autant rompue. Il semble que le peintre ou le sculpteur
se glisse si bien dans les formes préétablies qu'on peut
voir en lui une sorte d'acteur marquant son rôle de sa
personnalité sans rien changer au texte.

Les choses apparaissent sous un angle différent lorsque nous envisageons le développement d'une carrière
importante et bien connue. De profondes modifications
des formes se font jour et loin de se plier à ce qui existe,
tel ou tel artiste semble à l'origine du style. Ainsi en
est-il, semble-t-il, de Rubens qu'on suit, qu'on imite
de toutes parts. Un De Crayer ou un Duquenoy seraient
alors les interprètes de ce que le maître anversois aurait
imaginé. Cependant les peintures de Rubens s'intègrent
elles-mêmes à l'ensemble des formes qu'on créait au
XVII° siècle dans tout l'ouest de l'Europe. Les façades
des églises ornées de colonnes saillantes, d'ailerons, de
frontons compliqués, les sculptures mouvementées, les
lignes courbes des meubles et des argenteries, toutes ces
surfaces bosselées, surchargées de décors semblent
faites pour accompagner la *Descente de croix* ou le
Martyre de saint Liévin; mais tout cela est né avant
que le peintre ait réalisé ses grandes œuvres. Les inventions de Rubens sont donc enracinées dans un système
de formes préexistant. Quand il peint les *Rois Mages,* il
fait mouvoir un espace qui est à la fois vie et spectacle
et auquel se lient de grands personnages, vigoureux et
somptueusement drapés; ce sont là données communes
de son temps et de son milieu; mais la transparence
des couleurs, le lyrisme du tracé, l'extraordinaire élan
de la construction en spirale donnent un accent absolument personnel au tableau. Tout cela est inédit et

était imprévisible, cependant c'est bien du baroque. Rubens assimile le style de son temps de manière à en réaliser des virtualités inconnues de ses contemporains. Ce faisant, il infléchit toutes les formes, car l'œuvre sera admirée et fécondera à son tour d'autres réalisations; le grand élan passionné qui traduisait le rapport personnel de Rubens avec le monde deviendra un mode d'expression de toute une école. Ainsi l'artiste est à la fois l'inventeur et l'interprète du style qui, pendant un temps plus ou moins long, ne cessera d'évoluer et de s'enrichir.

On voit déjà par cet exemple que le style est tout autre chose qu'un répertoire de motifs. Ailerons, guirlandes, enfants nus s'intègrent au baroque mais ne le constituent pas. Cela explique que des éléments de ce genre peuvent se transmettre d'une civilisation à l'autre sans que s'altère la cohérence d'un style. Parfois la figure étrangère subit de légères modifications, parfois non; elle trouve toujours une place toute naturelle dans l'ensemble. Ainsi la plupart des pays européens ont-ils accueilli au XVIII' siècle des motifs chinois sans rien perdre de leurs caractères propres; les artistes romans ont empruntés des décors à la Syrie et à Byzance, mieux, ils ont représenté des centaures sans qu'on sente jamais l'étrangeté de tels sujets et sans que rien vienne modifier leur manière de sculpter ou de peindre. Loin de se présenter comme une addition d'éléments, le style apparaît comme une structure rigoureuse obéissant à des lois assez souples pour que quantité de créations différentes soient possibles sans que l'accord essentiel soit rompu, assez exigeantes pour que tous les objets qui entourent les hommes y soient soumis. Le style, en effet, participe à la vie quotidienne, il s'impose aux vêtements, aux meubles comme à l'architecture.

Cette singulière unité n'est pas purement formelle; si les proportions et les lignes y jouent un rôle important, cela ne suffit pas à expliquer une telle cohérence dans la variété. Il faut admettre que le style a un sens, il est une manière de qualifier le visible. Ainsi le baroque anversois est-il bien courbes épaisses et volumes saillants, mais il s'impose d'abord par une certaine lourdeur qui, dans les œuvres médiocres, devient boursoufflure, on voit bien que toutes ces épaisseurs sont en mouvement et qu'en fin de compte c'est la surabondance d'une vie en perpétuelle croissance qui s'exprime jusque dans les pieds de table et les bordures de tapisserie. La surcharge du décor est, par le faste, une autre manière de manifester cette exubérance, comme le sont aussi les grandes figures largement déployées dans un perpétuel mouvement, les draperies abondantes toujours agitées, les façades théâtrales et les grandes spirales de Rubens. L'ordre est celui de la vie, bourgeonnement, chair épanouie, corps vigoureux bandant leurs muscles, et c'est cet ordre-là qui exclut les angles, les lignes droites, les proportions grêles, et les grands espaces vides.

En fait, forme et sens ne font qu'un. C'est ce qui explique que ni les inventions des artistes, ni les éléments étrangers ne détruisent la cohérence du style. Celui-ci forme un milieu homogène en perpétuelle évolution. De multiples facteurs peuvent l'enrichir ou le désagréger. Certaines situations économiques et sociales, plus souvent des crises de croyance, jouent un rôle important dans les mutations des formes. La lente et complexe gestation des œuvres dans les ateliers ne peut se comprendre indépendamment de la vie des styles.

L'importance du milieu socio-culturel dans l'élaboration des formes a été particulièrement mise en lumière par Francastel qui, un des premiers, a envisagé une sociologie de l'art[1]. Il ne considère cependant pas la création artistique comme un épiphénomène de la vie en société. Les relations sont mutuelles[2].

Qui crée des images dresse des idoles, la puissance de la forme agit sur tous ceux qui sont en contact avec l'œuvre. C'est ainsi que l'anthropomorphisme religieux s'enracine dans les statues et les peintures. D'autre part, les hiérarchies humaines y trouvent aussi des symboles qui les justifient, les condamnent ou les forcent à des mutations imprévisibles. Ainsi, Focillon laisse-t-il entendre que la noblesse anglaise modifia ses mœurs pour ressembler aux portraits raffinés de Van Dyck[3].

Il y a interdépendance du milieu social et du style. Il arrive cependant que le groupe, dont les aspirations et les croyances se manifestent ainsi, ne représente pas l'ensemble de la population. Par exemple, les moines à l'époque romane forment le milieu actif. Le travail se fait dans le monastère et pour lui. Les artistes laïcs épousent tout naturellement la manière de voir de ceux qui sont à la fois leurs compagnons et leurs clients. Le peuple est sans doute peu instruit mais les sculptures, les fresques, les émaux seront élaborés dans un milieu tout différent, imprégné de philosophie et de

---

[1] P. Francastel, *Peinture et société. Naissance et destruction d'un espace plastique; de la Renaissance au cubisme*, Lyon, Audin, 1951.

[2] J. Duvignaud, *Sociologie de l'art*, Paris, P.U.F., 1967, *Introduction*.

[3] H. Focillon, *La vie des formes*, Paris, Leroux, 1943. 3e éd. P.U.F., 1947, p. 92.

théologie. Il n'est pas douteux, cependant, que ces formes savantes ont influencé les croyances de tous ceux, pèlerins ou paysans, marchands ou seigneurs, qui ont fréquenté les abbayes à la fin du XI° siècle ou au XII° siècle. Il en va souvent de même; les lettrés, nobles ou bourgeois de la Renaissance, les courtisans de Louis XIV, les priviligiés du XVIII° siècle ont forcé, par leur prestige, les artistes à s'intégrer à leur milieu; ceux-ci pourtant sortaient bien souvent d'autres couches de la population. Les formes créées ainsi ont offert à tous une certaine image du monde, qui était celle d'une classe relativement réduite. Il arrive que des résistances se manifestent quand le sens donné aux objets, aux hommes et à leurs activités n'est plus compréhensible pour une partie du public; alors se fait une scission entre l'art savant, celui des artistes professionnels et des lettrés, et l'art populaire [4].

D'autres actions se manifestent encore dans le développement des arts. Il faut rappeler en effet que Focillon, après Deonna, a montré que leur vie est cyclique. Les mutations des formes ne dépendent pas uniquement de phénomènes sociaux ou de réactions individuelles, elles évoluent de manière autonome. Chaque style s'épanouit comme une plante et son évolution la voue inéluctablement, après des étapes toujours les mêmes, au déclin et à la mort. Apparaissent successivement: une période expérimentale, caractérisée par la rigidité et le schématisme; ensuite un moment d'équilibre, le classicisme, la robustesse, la monumentalité et la sérénité, s'allie alors à la perfection technique; ensuite le raffinement, le goût des surfaces polies et des chairs

[4] A. Malraux, *Les Voix du silence*, Paris, Gallimard, 1951, p. 499.

tendres qui sera supplanté enfin par les grands mouvements dramatiques et la virtuosité du baroque. Cette dernière phase est souvent celle de la nostalgie, on copie les anciens; on imite l'archaïsme comme si tout vieillissement, même celui de l'art, donnait au passé et à l'enfance un charme inconnu jusque-là [5].

Ces lois sont strictes en ce qui concerne la décoration; elles le sont moins pour la sculpture, moins encore pour les peintres. Des chevauchements sont fréquents. Certaines réalisations sont en avance, d'autres en retard; ainsi il peut arriver que des œuvres contemporaines appartiennent à différents stades du développement. Certains ateliers livrent encore à leur clientèle des objets appartenant déjà au passé, cependant que d'autres suivent une évolution beaucoup plus rapide. La personnalité des artistes joue évidemment un rôle important dans le rythme de ce mouvement. Un Michel-Ange ou un Rubens hâtent l'épanouissement d'un style, mais ils précipitent sa décadence en développant rapidement toutes ses virtualités. Il arrive aussi que certains semblent rester en marge de la vie des formes qui les entourent. Focillon cite à ce sujet Rembrandt. Il est vrai que certaines de ces œuvres sont très difficiles à classer dans l'art hollandais contemporain, mais elles s'y rattachent par la manière de traiter l'espace et la lumière; il semble qu'il y ait plutôt là modification originale d'un style existant que différence absolue. C'est d'ailleurs dans cette voie, celle d'une interprétation personnelle des formes que, comme nous l'avons vu à propos de Rubens, il y a lieu de chercher les manifestations personnelles des peintres et des sculpteurs.

La vie des styles offre une autre particularité. Si dans

[5] H. Focillon, *La Vie des formes,* Paris, P.U.F., 1947, p. 21.

la majorité des cas le passage d'un style à un autre se fait par des chevauchements, donc sans heurt, il arrive qu'un véritable hiatus se crée entre les formes artistiques. Sculptures et peintures semblent brusquement perdre toute signification; ce qui était ensemble cohérent exprimant des rapports avec le visible devient une vaine défroque; les formes se font gauches, la technique semble oubliée, l'unité disparaît. Les artistes se servent d'un langage qui leur est devenu étranger. Ces périodes se situent au moment des grands bouleversements économiques et sociaux et surtout lorsque toute échelle de valeurs se trouve contestée[6]. Ainsi, les dernières œuvres de l'antiquité paraissent si grossières qu'on a parlé d'une crise des ateliers de fabrication. Les rudiments du métier se seraient perdus et les traditions auraient été oubliées. Mais rien n'explique cette rupture au niveau de l'apprentissage; ce n'est pas le maniement du ciseau qui est en cause mais l'invention des formes.

Si on admet que le style est une manière de qualifier le visible, il faut dire qu'en période de régression, c'està-dire de bouleversement profond des idées et des mœurs, le visible perd toutes ses significations antérieures et devient inqualifiable. C'est la cohérence du monde vécu qui est en jeu, non une certaine manière de tailler les pierres ou de mélanger les couleurs. Tous les rapports avec les objets extérieurs, ce qu'on peut affirmer de leur réalité et de leur valeur, le sens même qu'on peut donner à la présence du corps humain dans l'espace sont mis en question. Dans une conjoncture pareille, l'artiste devrait retrouver, ou mieux, inventer un nouvel équilibre qui donne une interprétation plastique d'un ordre des choses inédit. C'est plus qu'un

[6] A. Malraux, *Les Voix du silence*, Paris, Gallimard, 1951, p. 129.

homme ne peut faire. Il se contentera le plus souvent d'appauvrir les formes anciennes en altérant leur signification originale, sans pour autant découvrir les structures nouvelles qui auraient un sens cohérent.

Aujourd'hui, les formes n'échappent pas à ces lois. L'artiste comme autrefois se situe dans un contexte socio-culturel déterminé. Mais les mutations de la vie contemporaine sont plus rapides et plus radicales qu'elles ne furent jamais; les rapports de l'homme et de l'espace sont sans cesse mis en question; de plus les peintres et les sculpteurs sont en contact avec une foule d'objets appartenant à des cultures différentes, en si grand nombre et tellement hétéroclites, qu'il est de plus en plus difficile de les assimiler comme les motifs chinois ou byzantins de jadis. Les voyages, les échanges, la diffusion des photographies et des films nous introduisent dans un univers disparate qui est sans commune mesure avec les situations du passé. Aucune tradition artistique ne peut servir à exprimer ce monde-ci; et ce qui nous vient d'ailleurs, parfois de très loin, ajoute à l'incohérence de nos rapports avec le visible. Il nous faudrait à la fois exprimer la complexité de la civilisation contemporaine et intégrer, ou rejeter, toutes les formes créées par les hommes depuis la préhistoire jusqu'à nos jours.

Les crises artistiques qui ne cessent de se faire jour depuis la fin du siècle dernier témoignent de ce désarroi. L'art abstrait, lorsqu'il fit son apparition vers 1910, annonçait le crépuscule des images, mais d'autres courants se faisaient jour en même temps, notamment le surréalisme, manifestant au contraire la force expressive des allusions aux objets. On a pu croire à une certaine stabilisation au moment du triomphe de l'art

abstrait, aux approches de la seconde guerre mondiale;
d'autant que les qualités techniques de certains ou-
vrages semblaient marquer la maîtrise de ces formes.
Nous assistons aujourd'hui à une nouvelle offensive
des images et à une mise en question radicale du métier
de peintre ou de sculpteur; en fait, on peut dire que ces
soixante ou soixante-dix dernières années donnent le
spectacle d'un monde en perpétuelle rupture et qui ne
peut, par conséquent, trouver d'expression plastique
stable et cohérente.

LES STRUCTURES SPATIALES PERMANENTES DANS LA PEINTURE

L'artiste crée à l'intérieur d'un style; il est donc important de déterminer ce qui, dans telle ou telle sorte
d'art, appartient sans conteste au milieu et s'impose
soit en fonction de l'évolution naturelle des formes,
soit par suite de croyances communes. Mais il faut,
pour préciser les choses, essayer d'abord de considérer
ce qu'a de spécifique l'acte de peindre ou de sculpter.

Il semble que le peintre vise à donner, par le moyen
des lignes et des couleurs, cohérence à une surface
limitée. On pourrait ajouter que c'est précisément cette
cohérence de la surface choisie qui exprime des rapports avec le visible, c'est-à-dire avec les objets de la
perception et l'espace.

C'est dire qu'on ne peut tout à fait considérer la
peinture comme certains tests projectifs du type de
l'arbre de Koch ou du D. 10 de Le Men[7]. Il faudrait
admettre en effet que, contrairement aux sujets qu'on

[7] J. Le Men, *L'espace figuratif et les structures de la personnalité*,
Paris, P.U.F., C. Koch, *Le Test de l'arbre*, trad. E. Marmy et
H. Niel, Lyon, Vitte, 1964.

soumet à ces tests, le peintre ne dessine pas un objet mais structure un espace. C'est aussi vrai pour l'Egyptien traçant sur les murs d'un tombeau, dans une série de registres superposés, les figures nécessaires au bonheur du mort, que pour Van Eyck composant l'*Agneau mystique* ou pour tel de nos contemporains couvrant d'une couleur uniforme la surface entière d'un tableau. On saisit particulièrement bien dans ce dernier exemple la notion de surface limitée; une telle peinture n'a en effet de sens et d'agressivité que parce que la surface unie est déterminée par un panneau isolable. Peindre de la même façon toute une chambre ou même un mur, ne mettrait rien en cause, ni l'acte de peindre, envisagé ici de manière négative, ni l'espace désert, qualifié en outre comme artificiel par le choix délibéré d'une couleur comme le violet ou l'orange. Si une telle peinture est un décor adventice, si elle se réduit à la jolie tache de couleur qu'elle peut faire sur le mur, on pourrait en dire autant de n'importe quel tableau et, par exemple, de l'*Agneau mystique*. S'il y a quelque chose de commun entre ces deux objets, on doit admettre qu'ils qualifient tous deux le monde extérieur ou qu'ils sont également sans signification à cet égard. Il est assez évident, et nous y reviendrons, que les œuvres du XV° siècle donnent effectivement une image du monde visible, de sa réalité et du sens des objets qui s'y rencontrent. Mais si on peut affirmer au moyen d'une peinture la complexité de l'espace où nous vivons, on peut tout aussi bien témoigner par les mêmes procédés de son néant.

Cependant, si on envisage l'histoire de la peinture, on constate que la manière d'envisager les objets dans l'espace et les rapports qu'ils ont entre eux offre une singulière permanence. Ces structures persistent le plus souvent malgré des changements profonds dans d'autres domaines. Ainsi, par exemple, en Egypte, dès le début de l'Ancien Empire, l'espace fut conçu en fonction d'un spectateur représenté dans la peinture elle-même et ce principe subsista pendant des millénaires. Figurés plus grands que les autres personnages, le mort ou le dieu, pour qui s'accomplissent les actions décrites, expliquent toute la composition qui converge vers eux. Tous les objets sont disposés sous leurs yeux, tous les gestes se succèdent de manière que l'accomplissement du dernier, généralement l'offrande, soit proche du maître. La division du champ en registres superposés lui permet une vision globale d'une activité déterminée. Immortels, ceux qui imposent l'offrande en commandent aussi la nature; toute chose est réduite à l'essentiel, les gestes des hommes sont précis et assurés, les parties caractéristiques de leurs corps sont parfaitement lisibles; il en va de même de tout ce qui est représenté; les caractères spécifiques de chaque objet sont analysés et montrés du point de vue le plus adéquat; par exemple un poisson pourra être dessiné de profil alors que sa tête est vue par au-dessus, un autre sera entièrement de profil. Ces variantes ne sont pas laissées à l'arbitraire des dessinateurs mais sont déterminées par la connaissance correcte qu'on doit avoir de chaque figure, par exemple la détermination de l'espèce. De nombreuses formes changèrent au cours des siècles: les proportions du corps humain, les attitudes des personnages, le rythme des tableaux, les couleurs subirent toutes sortes de variations mais la structure générale dans la mesure où elle dépendait de la place des grands personnages et de la nature des objets, considérés comme des types

parfaitement décrits, demeura identique jusqu'à la fin
de la civilisation pharaonique.

Une telle stabilité implique que ces structures spatiales ne peuvent être attribuées à des facteurs superficiels, ni à l'invention spontanée d'un individu; ce
sont des faits de civilisation profondément ancrés dans
la manière de vivre de tout un peuple au cours de
son développement historique. Toutefois, il est rare
qu'aucune mutation ne se produise au cours de millénaires; dans la civilisation occidentale il faut généralement parler par siècles, mais cela même met en
lumière l'extraordinaire permanence de la construction
de l'espace pictural. C'est ainsi que pendant trois ou
quatre cents ans, de la Renaissance au début de notre
siècle, on envisagea, en Occident, un espace tridimensionnel construit en fonction d'un spectateur unique,
voire d'un œil unique, situé hors de la peinture et
devant elle. Il est vrai que les données de la géométrie
euclidienne, qui sont théoriquement à l'origine du
système, ne furent pas toujours rigoureusement observées; beaucoup d'artistes s'efforceront d'en rompre la
rigueur, mais l'organisation qu'ils envisagent tient
compte du témoin extérieur, du spectateur fantôme,
qui est supposé observer la scène et les objets comme
s'ils étaient placés à quelque distance devant lui. On
introduit donc nécessairement des rapports topographiques entre les choses en fonction d'un témoin imaginaire. Les grands mouvements qui animent toute la
toile chez Tintoret ou chez Rubens ne mettent pas en
question ce spectateur privilégié. Les impressionnistes
eux-mêmes n'y renoncent pas; par la suite il continue
d'exister aussi bien pour Cézanne que pour Van Gogh
ou Odilon Redon. Ensor renoncera à toute réalité objec-

tive, non à cela. Cette conception n'est cependant pas plus *naturelle* que celle des Egyptiens ou celle des fresquistes romans qui acceptaient un espace bidimensionnel et des rapports symboliques, et non topographiques entre les figures. La permanence de telles structures indique leur caractère collectif et renvoit nécessairement à des sources indépendantes de la vie des formes. Dans un contexte culturel donné, il est rigoureusement impossible d'envisager une autre conception spatiale que celle qui est généralement admise. C'est la conclusion qui s'impose dès qu'on se réfère à une période suffisamment longue de l'histoire. Il apparaît d'ailleurs que c'est à partir de telles données qu'il est possible au peintre de se faire comprendre. Les plus légères modifications peuvent en effet rendre l'œuvre indéchiffrable: les visiteurs des expositions des impressionnistes étaient de bonne foi lorsqu'ils prétendaient que les tableaux présentés Boulevard des Capucines étaient incompréhensibles. Il n'y avait pas de changement radical puisque la référence au spectateur fantôme subsistait pour tout le monde et l'espace était topographique et tridimentionnel; cependant chez la plupart des paysagistes l'unification de l'atmosphère était telle que les objets perdaient toute individualité; faute de pouvoir compter les arbres ou les maisons comme ils en avaient l'habitude les gens crurent ne rien distinguer des paysages.

Une mutation des structures spatiales fondamentales est liée à un bouleversement profond des croyances. Ces structures ne sont pas autre chose en effet qu'une manière de mettre en cause la valeur et la réalité de ce qui nous entoure. Présenter les caractères spécifiques des objets sans tenir compte de la manière dont nous les percevons, comme le faisaient les anciens Egyptiens, c'est manifester leur autonomie par rapport à nous, mais c'est aussi mettre en lumière la multiplicité des êtres dans un ordre qui est à la fois clair, puisque tout est parfaitement lisible, et finalisé dans une action religieuse. Toute action, toute vie n'a de sens que dans l'offrande qui est faite au dieu ou au mort.

En revanche, manifester des qualités contingentes, le poids, l'aspect tactile des objets, leur situation topographique est aussi prendre parti, surtout lorsqu'on accepte la fiction du spectateur fantôme, puisque c'est donner le pas à la perception sur tout autre critère de réalité ou de valeur. C'est admettre que notre œil est capable de connaître une vérité objective et que ce que nous apportent nos sens peut servir de base à un jugement. L'Egyptien dirait: Ce qui fait qu'un objet existe pour nous c'est qu'il a certains caractères propres que nous pouvons distinguer par l'analyse et ce qui lui donne un sens c'est qu'il peut être offert éternellement. L'homme de la Renaissance affirmerait de son côté que tout ce qu'il voit est réel et que les qualités qu'il peut distinguer d'un coup d'œil dans tel objet concret sont essentielles. Il est évident que de telles options sont non seulement exclusives les unes des autres mais encore supposent certaines croyances au sujet de la valeur de la perception.

Il est évident que les peintres de 1910, qui suppriment le spectateur fantôme, mettent en doute la valeur du regard, de même qu'ils ne croient plus à l'unité organique des objets, si on en juge par le cubisme, cependant que l'art abstrait met en cause l'expérience du visible. Ces artistes n'agissent pas ainsi par caprice mais répondent à une profonde inquiétude de leur temps.

L'image traditionnelle de l'homme qui rassemble tous les objets du monde sous son regard, les domine et les comprend, n'a cessé d'être battue en brèche au cours du XIXᵉ siècle. Les progrès scientifiques et industriels ont changé toutes les significations du visible, sans que la majorité des hommes puissent recueillir le fruit de ces conquêtes. Ce qu'exprime l'espace tridimensionnel de la Renaissance est sans aucun rapport avec ce que nous croyons savoir aujourd'hui de ce qui nous entoure. Le peintre voit toujours les mêmes choses mais son œil, il le sait, ne lui livre que des apparences qui n'ont, par elles-mêmes, aucune signification; pour retrouver la réalité, pour dévoiler un ordre de valeur authentique, il doit découvrir des structures entièrement neuves qui correspondent aux croyances de notre temps comme celles du XVIᵉ siècle rendaient compte de ce qui était vrai alors pour tout le monde, comme l'étaient celles des peintres romans qui rendaient visible l'essence sacrée, c'est-à-dire la réalité profonde, des apparences charnelles.

Ainsi, les configurations spatiales des peintures restent-elles stables aussi longtemps que la pensée des hommes au sujet de la nature véritable du visible ne change pas. C'est pourquoi elles ont une durée supérieure à celle des styles et ne sont que peu influencées par les variations de la technique et de la sensibilité. Les changements qui apparaissent à ce niveau marquent les grands tournants de la civilisation. Seuls des bouleversements qui font chavirer toutes les bases d'une culture peuvent mettre en question des données qui, aux époques cohérentes, paraissent à tous aussi évidentes, peut-être même davantage, que celles mêmes des sens. Le fait même que nous puissions les comparer

entre elles, sans en privilégier une comme seule va-
lable, est l'indice d'un état de chose extrêmement
perturbé, de la naissance difficile de nouvelles croyances et de la mort d'un univers; mais tels sont bien
les signes qui marquent notre temps.

L'IMAGE DU CORPS ET L'INCARNATION DES DIEUX

La statue n'est pas la seule manifestation de la
sculpture mais elle est la plus spécifique. Certaines
formes de reliefs sont, en effet, très proches de la
peinture, d'autres s'associent étroitement à l'architecture. Il semble donc que l'originalité de la démarche
du sculpteur et ses rapports avec la civilisation à laquelle il appartient apparaîtra le mieux dans la ronde
bosse.

Celui qui fait une statue ne s'efforce pas de construire
une structure spatiale cohérente; il introduit un objet
de sa fabrication dans le lieu où il vit. Son œuvre est
un obstacle à notre marche et à notre regard comme
n'importe quel autre objet, sa stabilité et son poids
sont réels, elle exige de la place; elle introduit dans
l'espace une certaine perturbation par sa présence et
par les virtualités qu'elle manifeste. Presque toujours,
elle fait allusion à un vivant, généralement à un être
humain et cette vocation est si forte qu'en pleine période d'abstraction la plupart des sculpteurs créèrent
des œuvres figuratives.

Eriger une statue, c'est donc, d'abord et dans la
grande majorité des cas, manifester la signification
du corps dans l'espace. Ce n'est pas la valeur du monde
extérieur qui est en jeu ici, mais la manière dont on

peut s'éprouver comme corps et la façon dont on considère le corps d'autrui. Ces deux conceptions peuvent être associées. La première, la manifestation du corps propre, est fondamentale. La statue, en effet, s'affirme comme masse, comme équilibre et les tensions qui se manifestent en elles ne peuvent être épidermiques. C'est particulièrement vrai pour le volume qui n'est jamais envisagé de l'extérieur, comme chose vue et analysable, mais comme une poussée interne qui provoque la saillie des muscles et l'épanouissement des masses; c'est aussi vrai d'un art absolument statique comme celui de l'ancienne Egypte, que des œuvres mouvementées de Michel-Ange ou des grandes figures de H. Moore. Les textes de sculpteurs comme Moore et comme Rodin viennent encore à l'appui de cette expérience essentielle. Sans doute, peut-on en dire autant du geste. Déployer l'image du corps dans l'espace ou, au contraire, réduire sa force d'expansion peut également trouver une origine proprioceptive.

Si les formes de la sculpture se basent en partie sur la manière dont le corps est personnellement éprouvé, on pourrait croire qu'elles sont étroitement liées à la psychologie individuelle et que les croyances collectives ont peu de prise sur la sculpture. Il n'en est rien, là aussi on constate l'évolution des styles et la permanence des formes fondamentales. C'est en effet en comparant des écoles de sculpture que Focillon a décrit les phases cycliques de la vie des formes; par ailleurs il faut admettre que la sculpture romane par exemple suppose une appréhension de notre situation corporelle toute différente de celle que laissent entrevoir les formes de la Renaissance, de l'art romain ou de l'art grec.

Les statues romanes qui représentent presque toujours la vierge ou des saints en majesté, sont statiques et donnent du corps une vision extrêmement schématique où l'aspect charnel ou musculaire n'intervient pas. Un Européen du XII* siècle considérait vraisemblablement son corps comme l'envcloppe transitoire de l'âme, il n'avait pas de valeur en lui-même mais était le signe d'une réalité qui le dépassait, il n'y avait donc aucune raison de magnifier en lui des apparences contingentes, ni de donner de l'importance à son insertion dans l'espace. Il en va tout autrement à la Renaissance lorsque l'on parle du corps comme d'une « *noble architecture* ». Il est naturel alors d'étudier ses proportions véritables, sa musculature, l'équilibre de ses mouvements, on peut l'idéaliser et le déployer largement dans l'espace puisqu'on attache désormais du prix au corps comme tel. C'est donc bien encore la croyance qui détermine l'esprit des formes, et cette croyance est collective.

Mais la statue n'est pas seulement l'image du corps ni l'expression de notre vie incarnée, elle se prête à d'autres incarnations. Elle est en effet matière inerte devenue vivante par le pouvoir de la main. Cette transmission de la vie est un élément essentiel de la sculpture qui naît d'une métamorphose des matériaux. La nécessité de passer par la pierre, le métal ou la terre pour exprimer ce qui est ressenti dans l'intimité de soi, le souffle vital et la présence dans l'espace impliquent un élargissement des données proprioceptives; au-delà de sa propre insertion dans un lieu le sculpteur doit animer ce qui n'est ni chair ni sang et, par là, manifester ce qu'est la vie comme telle. L'idole entraînerait l'adoration, voire la terreur, parce qu'elle donnerait à voir non l'image d'un corps d'homme, mais la vie incarnée, ou mieux pétrifiée.

Il est des moments de l'histoire où cette conception s'altère; les œuvres de Praxitèle, celles de bon nombre d'artistes du XVIII° siècle ne révèlent rien d'autre que le corps. L'artiste, en effet, s'efforce de nous faire oublier qu'avant d'être un Hermès, ce que nous voyons était du marbre. Il n'y a donc plus là le miracle de l'inerte pénétré par la vie universelle, nous ne trouvons plus dans l'œuvre qu'un beau corps qui se donne à voir. Le plus souvent dans ces cas-là, les intentions proprioceptives disparaissent aussi, le sculpteur se contente des apparences et nous montre le corps d'autrui sans pouvoir manifester ce qu'est, pour celui qui le vit, être conscience incarnée. L'image devient ainsi facilement objet de désir, comme par exemple les terres cuites de Clodion, et le pouvoir démiurgique du sculpteur disparaît.

Il semble bien que c'est dans la mesure où elle échappe à cet aspect que la statue prend un caractère sacré. Les rites qui l'entourent dans certaines cérémonies ne font que renforcer cette tendance naturelle. Bien souvent les hommages qui lui sont rendus n'ont aucun rapport avec les enseignements religieux qui ont cours. La Bible et l'histoire de l'Eglise sont pleins de récits où l'on voit les fidèles entraînés malgré les objurgations des prêtres à adorer des morceaux de bois ou de métal au lieu de rendre un culte au Dieu invisible. C'est donc la forme elle-même qui fascine, non ce qu'on peut en dire. Il s'agit bien ici de croyances implicites, généralement collectives, auxquelles adhère le sculpteur. Cela semble d'autant plus probable que les œuvres qui manifestent seulement l'apparence du

1. E. Degas, *La Famille Bellelli*, Paris, Musée du Louvre. *(Cliché des Musées Nationaux)*

2. E. Degas, *Scène de guerre au Moyen Age,* Paris, Musée du Louvre. *(Cliché des Musées Nationaux)*

3. E. Degas, *Le Foyer de la danse à l'Opéra,* Paris, Musée du Louvre. *(Cliché des Musées Nationaux)*

corps d'autrui apparaissent à des époques où la raison l'emporte sur les données affectives, mais aussi sur les mythes ou sur le sacré. La peinture contemporaine de telles sculptures est généralement « *réaliste* », c'est-à-dire qu'elle aussi manifeste le primat des données de la perception visuelle sur toute autre signification. Il semble pourtant que les peintres peuvent sans dommage exprimer leur confiance exclusive à l'observation et que ce ne soit pas le cas pour les sculpteurs. La statue dématérialisée, devenue image charnelle, perd sa signification spécifique. La longue crise du XIX siècle pourrait s'expliquer de cette manière.

Ainsi, comme celle du peintre, l'originalité du sculpteur se manifeste à partir de structures qui ne dépendent nullement de son choix. Les inventions personnelles, là aussi, portent essentiellement sur l'interprétation des données courantes dans un certain milieu. C'est en partant de la « *noble architecture du corps* » que Michel-Ange taillera ses géants de marbre; leur musculature puissante doit beaucoup au souci d'anatomie de l'époque bien qu'elle puisse évoquer des montagnes.

La multiplicité des expériences dans la sculpture d'aujourd'hui nous assure une fois de plus de la singularité d'une époque où les peintres ne peuvent imaginer un espace fondé sur une conception unique de nos rapports avec les choses, ni les sculpteurs une manière cohérente d'exprimer le lien entre la vie universelle et notre incarnation.

LES ANNEES D'APPRENTISSAGE

L'artiste est confronté à une série de tâches qui exigent une habileté manuelle parfaite. Il doit donc subir un apprentissage qui, au début, ne diffère pas beaucoup de ce qui est de règle pour tout autre travail. Il lui faut notamment se familiariser avec les matériaux qu'il mettra en œuvre; les mélanges de couleurs, l'usage des différents médiums pas plus que la taille ou le modelage ne peuvent se connaître par la théorie; le crayon, le pinceau, le couteau à palette, l'ébauchoir ou le ciseau doivent devenir le prolongement naturel des doigts. Avant d'en arriver là, il faut pratiquer le métier plusieurs années et vivre avec les matériaux pour en connaître toutes les ressources.

Essentielle pour le peintre, cette formation est plus importante encore pour le sculpteur; son travail métamorphose complètement la matière et crée une connivence particulière avec l'objet qui surgit sous sa main; mais la multiplication des opérations peut l'éloigner de la forme, c'est-à-dire de l'aspect final. Ainsi la statue de bronze doit, avant d'être coulée, être modelée en terre, en plâtre ou en cire. La dureté et la patine du métal seront des éléments constitutifs de la sculpture terminée mais elle sera passée par un premier état absolument différent, elle aura été claire et poreuse. Il faut donc apprendre à poursuivre l'élaboration de l'œuvre à travers des étapes multiples et presque contradictoires.

Que l'approche du matériau soit décisive pour le sculpteur, cela apparaît aussi dans le fait que beaucoup d'artistes ont d'abord été initiés à des métiers qui les mettaient en contact avec la pierre, le bois ou le métal et c'est en faisant des chaises ou des marches d'escalier qu'ils ont découvert leur vocation.

C'est ainsi que l'ébénisterie, ou la fabrication des meubles, a été la première formation de Brancusi, de R. Wauters, de Pompon, de Bourdelle, de bien d'autres; la forge a joué un rôle important dans les débuts de R. D'Haese, de Giglioli, de Liautaud; la taille de la pierre a été le premier métier de Laurens; enfin l'orfèvrerie, voie si fréquente pour les artistes de la Renaissance, a servi encore des sculpteurs comme Gonzalez et Adam. Comme la fidélité à ce premier métier est loin d'être générale (R. Wauters par exemple passera du bois au bronze), on ne peut dire qu'une technique spécifique s'impose dès le début de la carrière, il s'agit plutôt de la révélation du pouvoir de la main, de la découverte des mutations de la matière au cours du travail et de l'apparition des formes dans l'espace.

La multiplicité des techniques offertes au sculpteur explique les hésitations qui apparaissent souvent dans les débuts. Lardéra par exemple, avant de découvrir son véritable moyen d'expression dans des lames de métal assemblées, travaillera le bois et la pierre et pratiquera la fonte. Chadwick utilisera des montages en métal assez apparentés aux systèmes des mobiles de Calder avant d'imaginer une technique personnelle d'armature de métal soutenant un aggloméré.

C'est que le sculpteur doit apprendre plusieurs métiers afin de trouver finalement, à travers des formules presque contradictoires, le moyen d'expression et donc le matériau, qui lui sera en quelque sorte conaturel. Souvent, à l'époque de sa maturité, le sculpteur est l'homme d'une facture unique, parfaitement adaptée à son expression; ainsi Michel-Ange sculpte-t-il le marbre et toute sa vision est soumise à cette option fondamentale; Rodin en revanche est modeleur. Les recherches à travers des techniques multiples marquent certainement une inquiétude puisque le sculpteur ne se satisfait pas des moyens qu'il a essayés d'abord. Il est significatif qu'on rencontre de telles attitudes aux moments où les formes sont en mutation, par exemple au début de la Renaissance, chez un Donatello ou, à présent, chez de grands inventeurs comme Brancusi, Laurens ou H. Moore.

Le choix de la technique n'est pas uniquement un problème de débutant. Au fur et à mesure que se déroule une carrière, de nouveaux problèmes surgissent. Ce qui, dans une première période, semblait aller de soi peut, par la suite, être mis en cause. L'acquis du métier ne suffit pas, il faut donc inventer de nouveaux moyens pour s'exprimer de manière adéquate. Cela est aussi vrai des métiers graphiques que de la sculpture. C'est ainsi que Dürer, déjà bon graveur, non seulement interroge Montegna lors de son séjour en Italie mais encore perfectionne l'outillage et cherche à obtenir des effets inédits tant dans la taille du bois que dans l'application du burin.

La mise au point de nouveaux procédés n'a jamais pour but de faciliter le travail mais d'obtenir un résultat différent. Degas complique à l'infini les opérations du pastel et ce faisant invente un nouveau moyen d'expression; P. Klee peint sur toutes sortes de matériaux, ce qui pose bien entendu des problèmes difficiles, mais lui permet de créer des formes et des couleurs nouvelles. Il ne s'agit donc pas de perfectionnement au sens où l'entendraient des artisans. L'opération est plus délicate et l'objet n'est pas plus solide, simplement il est autre. La question ne se pose pas en fonction d'un but défini à l'avance. L'opération commence par un *si* et se termine par un *pas encore*. L'effet n'est pas toujours prévu et l'expérience cependant est presque toujours faite pour pallier une insuffisance des œuvres précédentes; le résultat quel qu'il soit, sera remis en cause en vue d'une œuvre imprévisible. La recherche technique est toujours liée à l'expression et à la forme, c'est pourquoi rien dans ce domaine n'est jamais définitif.

Ce rapport étroit entre l'invention des formes et l'usage d'une technique existe tout aussi bien au niveau du premier apprentissage. Celui-ci ne peut se réduire à l'assouplissement des muscles et à la familiarité avec les matériaux; il est forcément dirigé vers l'exécution d'un objet déterminé. Peindre, dessiner, modeler n'est jamais un exercice sans conséquence. Dès le premier coup de crayon, le débutant est engagé dans une certaine voie. De même que l'apprentissage de l'écriture impose à l'écolier certains modèles à imiter de préférence à d'autres, pliant sa main aux mouvements qui conviennent à l'écriture choisie, anglaise ou script, les premiers travaux d'atelier sont exécutés en fonction de peintures ou de sculptures déterminées. Si bien qu'on n'apprend pas seulement un métier, on est initié à un style.

Dans le passé cette assimilation des formes et des techniques se faisait sous la conduite d'un maître. L'apprenti l'assistait dans les tâches les plus matérielles, le broyage des couleurs par exemple, tout en s'initiant à ses procédés; plus tard il collaborait souvent à l'exécution des commandes. Il est évident qu'un tel système est délibérément dirigé vers ce qui existe déjà. A première vue ce milieu est surtout favorable au développement de ce qu'on appelle les écoles, c'est-à-dire à l'unité rigoureuse d'un style. Nous savons pourtant que, si les suiveurs furent légion dans le passé comme aujourd'hui, des maîtres originaux furent préparés de cette manière sans en subir, apparemment, de préjudice. Un Donatello, un Roger de le Pasture, un Tintoret semblent démontrer que l'apprentissage en atelier n'étouffe ni l'originalité ni l'invention. S'assimiler les formes d'autrui peut être une étape utile, voire indispensable à la création artistique.

L'organisation des écoles et des académies a modifié ces procédés d'une manière moins radicale qu'il ne semble d'abord. Les étudiants sont plus âgés que les apprentis d'autrefois et ils ne collaborent pas avec le chef d'atelier qui poursuit son œuvre personnelle indépendamment des travaux qu'il impose à ses élèves. Ceux-ci apprennent cependant les techniques en fonction d'une certaine esthétique, puisque les procédés n'existent qu'en vue de la fabrication d'un objet déterminé.

Longtemps les débutants, et quelquefois les maîtres, sont allés dans les musées copier des peintures. Ils étudiaient la manière de poser la touche, de préparer un dessous, de mélanger les couleurs, mais ils se familiarisaient en même temps avec la distribution des lumières, la conception de l'espace et du volume; la composition ancienne naissait sous leur main comme s'ils l'avaient réellement conçue. Cependant, à l'opposé des apprentis de l'ancien régime, ils se mettaient à l'école des morts et risquaient d'apprendre un langage incompréhensible parce que tout à fait inactuel. La méthode que Corot a suivie lorsque la jeune Berthe Morisot vint lui demander des conseils se justifie mieux. Il lui fit en effet copier ses propres esquisses, persuadé sans doute que l'apprentissage des formes passe nécessairement par la découverte de ce qui fait la cohérence de l'œuvre d'autrui. Cette unité ne s'apprend pas de l'extérieur, il faut exécuter le tableau pour saisir parfaitement la signification de ses diverses parties. Corot se sentait incapable d'expliquer verbalement ce qu'il avait découvert le pinceau à la main, il lui restait donc à le faire retrouver par son élève. Sans doute ne voulait-il pas encourager la jeune fille à refaire des Corot, mais il pensait qu'il était bon d'apprendre ce qu'était un paysage peint avant de réaliser quelque chose de différent, comme s'il fallait passer par un monde de formes déjà constitué pour comprendre ce qu'est la peinture et être peintre à son tour; c'est-à-dire réaliser une nouvelle unité.

Comme les maîtres des ateliers de jadis, Corot croyait que la seule tradition qu'on puisse transmettre passe par son propre métier, qu'elle est l'expérience d'un vivant, parlant et travaillant à côté de son disciple, engagé par conséquent dans une même époque; et que cette expérience ne peut pas s'expliquer en paroles, ni s'appuyer sur des exemples, l'exécution seule étant révélatrice de la signification des formes.

Un tel enseignement suppose que le disciple soit prêt à le recevoir, c'est-à-dire que les œuvres du maître lui semblent dignes d'admiration et qu'il croie trouver là un mode d'expression qui lui convienne. C'est la situation la plus habituelle, elle suppose un milieu formel cohérent, un style qui se développe sans trop de heurts. Dans ce cas, l'apport d'une tradition vivante, celle des aînés, est effectivement féconde, et ne nuit nullement à l'invention. Faut-il rappeler, puisque nous en parlons, que Berthe Morisot fit des paysages très différents de ceux de Corot, sans que pour autant les leçons du vieux maître fussent perdues?

Le problème est tout autre dans les périodes de bouleversement; c'est qu'alors, en effet, le passé immédiat ne suscite plus cette indispensable vénération et on ne trouve plus aucun moyen d'enseigner. Quelle méthode suivre, s'il y a une rupture totale de la tradition, lorsque la forme et la technique sont intimement liées? Ceux qui savent, c'est-à-dire qui ont déjà produit des œuvres, sont inévitablement récusés par les nouveaux venus, ils leur apportent des moyens périmés, bons tout au plus à réaliser des objets sans signification. Le débutant se voit donc acculé à inventer jusqu'aux procédés les plus élémentaires. Ses premières expériences seront, la plupart du temps, négatives, elles viseront à détruire le système de formes qui l'entoure sans fonder une cohérence nouvelle. C'est ce qui s'est passé vraisemblablement à la fin de l'antiquité; c'est ce qu'on peut étudier dans les efforts des peintres qui ont débuté vers 1900, c'est encore ce qui se produit aujourd'hui.

LA TRADITION

Il faut remonter assez loin dans le passé pour trouver une époque où la stabilité des formes permet aux jeunes artistes d'évoluer à l'aise en tirant un enseignement des œuvres de leurs aînés. L'Italie de la Renaissance, particulièrement au XVIe siècle, présente, semble-t-il, un milieu idéal pour un apprentissage traditionnel. Loin d'être discrédité par des recherches nouvelles, le passé semble offrir une diversité extraordinaire de modèles toujours féconds. Nous suivrons donc les premiers pas d'une des personnalités les plus originales de l'époque, Michel-Ange, afin de voir ce qu'a pu être sa formation.

Les recherches techniques et théoriques du siècle précédent lui offrent des bases solides, et sa ville natale, Florence, est remplie de peintures et de sculptures qui conservent leur prestige. Il ira d'ailleurs copier dans la chapelle des Carmes les fresques de Masaccio. L'enseignement qu'il reçut, dans l'entourage des Médicis le mit en contact avec le peintre Ghirlandajo et avec le sculpteur Bertoldo, ancien disciple de Donatello, qui était particulièrement chargé de la restauration des antiques réunis par Cosme et Laurent. Ainsi dès l'origine une multiplicité de voies s'ouvrent devant le débutant. Rien d'étonnant que ses premières œuvres manifestent à la fois des hésitations et des maladresses. Il s'agit de bas-reliefs exécutés au cours de son adolescence, le *Combat des centaures* et la *Vierge à l'escalier;* mais il est plus singulier que cette dernière œuvre s'intègre difficilement soit au milieu florentin, soit aux fragments d'antiques que le jeune sculpteur a pu voir à cette époque; il y a là sans doute une première tentative pour échapper aux formes qui l'entourent, mais elle est encore gauche, l'artiste ne domine pas encore ses formes, et le choix du relief, plutôt que de la ronde bosse témoigne de son manque d'assurance.

Lorsqu'il sera assez sûr de lui pour créer des statues, c'est-à-dire des figures se déployant dans l'espace, ce qui pose de tout autres problèmes, il ne manifestera son originalité qu'en choisissant ses maîtres et en multipliant les expériences variées. C'est ainsi qu'ayant une commande pour un ange destiné à l'autel de Saint-Dominique, à Bologne, il s'inspire librement des formes de J. della Quercia plutôt que de la statue de Nicolo de Bari à laquelle la sienne doit servir de pendant.

Bientôt cependant ses recherches le poussent d'un autre côté. Comme la plupart de ses contemporains, les œuvres grecques et romaines le fascinent. Son passage dans l'atelier de Bertoldo l'a d'ailleurs préparé à l'étude des antiques. Et il n'a guère plus de vingt ans lorsqu'il exécute un véritable pastiche de l'antiquité, le *Bacchus ivre*. La musculature est traitée à la manière romaine, les membres sont très dégagés, les formes assez allongées; rien n'annonce encore la violence concentrée et les masses repliées sur elles-mêmes qui apparaîtront dans les grandes œuvres de la maturité. Il est même manifeste que les proportions et l'allure générale du *Bacchus* en sont plus éloignées que celles de l'*Ange* de Bologne. Il est cependant difficile de croire que, pour son auteur, une sculpture aussi importante ait été, dès l'origine, considérée comme une simple étude, le moyen de connaître dans le corps-à-corps avec la matière, le secret des chefs-d'œuvre de l'antiquité. Une telle expérience suppose un long travail et une perfection technique accomplie; bien qu'elle ne fut pas renouvelée, elle devait avoir un sens au moment où Michel-Ange commença à tailler son bloc de marbre. Il a pu croire, et son admiration pour le passé l'y portait, qu'une voie féconde s'ouvrait pour lui à partir de formes semblables et que la statue qu'il allait faire manifesterait ce qu'il entrevoyait obscurément des rapports entre la taille de la pierre, le corps et l'espace.

On peut en dire autant pour la célèbre *Pietà* de Saint Pierre de Rome, qui résume en quelque sorte toute la perfection atteinte par les sculpteurs florentins de l'époque. Terminée peu de temps après le Bacchus, elle indique un changement radical, même si quelques souvenirs de l'antiquité apparaissent encore dans la manière dont est traité le corps du Christ; la composition dans l'espace, simple et claire, l'élégante complexité des drapés, l'harmonie du mouvement, tout témoigne d'un retour vers les écoles contemporaines. Michel-Ange lui-même crut avoir découvert sa route, il en témoigne en signant la statue d'une manière très apparente, sur le baudrier de la vierge. Cependant nous sommes au moment même où il va abandonner les formes de ses devanciers. Comme le *Bacchus,* la *Pietà* est pour lui un langage connu dans lequel il lui a fallu s'exprimer pour découvrir qu'il ne répondait pas à son attente, et c'est au moment même où il semble triompher de toutes les difficultés, et s'intégrer facilement à un style existant, qu'il s'en détourne et pousse ses recherches dans un sens tout différent.

Au cours des cinq années qui suivront, le sculpteur

florentin découvrira sa manière propre de tailler des figures. Mais il semble qu'il ait dû obligatoirement passer par ces différentes étapes. Particulièrement le pastiche de l'antiquité et la *Pietà* lui ont permis de comprendre les formes de ses prédécesseurs et de se situer par rapport à eux; il a pu aussi, sans avoir à les inventer tout à fait, dresser des corps en mouvement dans l'espace, c'est-à-dire faire une première tentative qui fondera ses recherches futures.

Le *David* colossal, aujourd'hui à l'Académie de Florence, ne doit plus rien à personne et semble étranger aux œuvres de jeunesse de son auteur. S'il fait éclater leur insuffisance, il manifeste aussi ce qui pour Michel-Ange a été l'enseignement de ses premières années, non seulement la virtuosité technique mais encore la nécessité de construire son propre langage formel, puisqu'aucune statue traditionnelle ne réalisait pleinement la signification de cette incarnation dans la pierre, qu'il devinait possible. C'est l'échec d'œuvres apparemment sans défaut qui le force à chercher enfin sa propre voie.

On ne peut dire cependant que Michel-Ange, même à l'époque du *David* ait rejeté le passé. Il a éprouvé toutes les ressources de la tradition et sa main habile se souvient de ce long apprentissage. Son savoir lui sert encore d'appui lorsqu'il semble s'en détourner. Le *David*, les tombeaux des Médicis, expriment tout autre chose que les antiques ou les statues de Donatello ou de J. della Quercia, mais ils n'auraient pas pu voir le jour sans eux. On comprend comment un tel processus d'apprentissage, qui puise largement à de multiples sources, peut à la fois assurer la continuité d'un style et promouvoir, chez ceux qui en sont capables, les plus imprévisibles inventions.

Ces recherches dans le passé immédiat et lointain, qui visent à l'assimilation d'un style digne de l'admiration du débutant, est la méthode habituelle jusqu'à la fin du XIX⁰ siècle. Les Impressionnistes furent les derniers à en bénéficier. Mais déjà le milieu s'appauvrit. De plus une certaine rupture entre les artistes et le public se fait jour, dès l'époque romantique; la peinture officielle et les académies n'offrent plus de modèles aux débutants. Cependant une certaine tradition reste vivante, grâce à quelques maîtres peu conformistes, Delacroix, Ingres, Courbet ou Corot, grâce aussi à l'influence des paysagistes anglais de la génération de 1820. Les peintres du second Empire ont trouvé encore chez leurs aînés des sujets d'étude et d'admiration.

Dans ce cadre le cas de Degas est exemplaire. Son goût pour la peinture d'Ingres et de Delacroix le rattache facilement à des formes préexistantes. Qu'il n'ait été directement l'élève, ni de l'un ni de l'autre, ne change rien à ces sortes de rapports. C'est par leurs œuvres, non par leurs conseils, que les maîtres aident leurs disciples à franchir les étapes difficiles des débuts de carrière. Il vaut mieux cependant que l'enseignement reçu directement aille dans le même sens, or c'est précisément ce qui se passa pour Degas. Il entra dans l'atelier de Lamothe qui était un suiveur d'Ingres. Selon les habitudes du temps, il fit quantité de copies au Louvre et en Italie.

Sa première peinture originale est sans doute la *Famille Bellelli,* un portrait qu'il commença à Florence, lors d'un séjour chez sa tante, Mme Bellelli. Le problème qu'il essaie de résoudre est celui du groupement de quatre figures dans un espace complexe. Or il apparaît que le jeune peintre, bien qu'en possession d'une technique accomplie, n'arrive pas à ordonner parfaitement son tableau. Il est capable de camper un personnage et d'en révéler la présence, ses couleurs sont raffinées, son dessin sans aucune maladresse mais il juxtapose des figures d'esprit différent et échoue à évoquer la profondeur. Echappant aux schémas d'Ingres, qu'il a suivi jusque-là, il ne peut réussir à créer un espace qui lui soit propre. (fig. 1)

Une première difficulté, très apparente dans ce tableau, est due à l'insuffisante intégration d'éléments empruntés à d'autres peintres: Le groupe de Mme Bellelli et de sa fille Jeanne pourrait sortir d'un tableau d'Ingres ou de Chassériau; en revanche le profil de M. Bellelli est construit à la manière de Giotto. Nous savons que Degas, au cours de son voyage, avait visité Assise et admiré les fresques de la Vie de Saint François. Il est probable qu'à Florence il a poursuivi son étude à ce sujet et n'a pas manqué d'aller à Santa Croce ou aux Offices. Les images des œuvres qu'il a en tête se dressent entre lui et ses modèles comme un écran. Il ne peut s'empêcher de voir les traits de ses parents à travers des schémas qui s'imposent à sa vision. Cela ne serait rien s'il y avait quelque cohérence entre ses sources, ce qui n'est pas le cas, et surtout s'il acceptait de se soumettre aux structures générales des œuvres de l'un ou de l'autre. Or il apparaît que Degas à cette époque fait effort pour échapper à l'univers de ses devanciers et pour trouver sa propre voie. Un des personnage manifeste d'ailleurs l'originalité de ses recherches: La jeune Julie qui, au centre du tableau, est installée de guingois, un genoux posé sur une chaise, dans une attitude instable. Cette figure, si singulièrement placée, indique bien une rupture avec le passé, mais elle ne peut à elle seule, et entourée d'éléments en contradiction avec elle, en montrer le sens.

Si au lieu de considérer chacune des figures nous envisageons l'ensemble, il apparaît que l'effort de renouvellement est considérable, mais a échoué, faute de synthèse et peut-être d'audace.

Pour autant qu'on puisse en juger, Degas voudrait établir un espace multidimensionnel, avec des fuites, des vides, des objets en contrepoint des figures. Non seulement il a creusé sa composition au centre, au-dessus de Julie, mais encore, il a placé un miroir dans un angle, disposé des meubles le long des murs, ce qui devrait porter les figures en avant, enfin il a cherché à prolonger les mouvements en indiquant un élément dépassant le cadre, un petit chien à droite, dont la tête est coupée, et une porte ouverte à gauche. Tout cependant demeure inefficace parce que les personnages, nettement tracés et assez massifs, sont disposés de telle manière qu'aucun mouvement de fuite ne les concerne et qu'ils ne se détachent pas réellement du fond.

La composition entière a très peu de profondeur et les personnages sont à peu près sur le même plan, ce qui est conforme à la tradition pour des portraits de ce genre; de plus ils sont tournés les uns vers les autres, toujours selon la vision commune. On voit qu'aucune de ces solutions ne convient vraiment à Degas. Ce qu'il suggère par les fuites multiples qu'il esquisse, c'est vraisemblablement une mobilité qui suppose un groupement à trois dimensions. De plus il a isolé la figure du père par une construction, faite du fauteuil, de la table, de la cheminée, qui l'enferme dans son coin,

6. J. Van Eyck, *La Vierge d'Autun*, Paris, Musée du Louvre. *(Cliché des Musées Nationaux)*

▲

5. P. Klee, *Le ballon rouge,* New York, Salomon R. Guggenheim
Museum.

◀ 4. P. Klee, *Vierge dans l'arbre,* eau forte, Berne fondation Paul
Klee.

7. R. De Le Pasture, *Saint Luc peignant la vierge*, Boston Museum of Fine Arts.

8. P. Cézanne, *Baigneuses,* Paris, Musée du Petit Palais. (Ph. Bulloz)

comme à l'intérieur d'une forteresse. L'unité qui apparaît par ailleurs est évidemment niée ici.

Il est significatif que les éléments les plus mal intégrés soient ceux qui annoncent le style futur de Degas. L'espace multidimensionnel, avec des effets de miroir, des portes ouvertes, des personnages coupés par le cadre et un très petit nombre d'objets significatifs est celui des *Foyer de la Danse* (fig. 2). La figure de Julie qui semble reposer sur une jambe unique se retrouvera dans ces mêmes tableaux, mais située dans un large vide qui lui donnera tout son sens. Enfin la curieuse disposition qui isole le père, le protégeant et le maintenant à distance des autres et des spectateurs, reparaîtra dans de nombreux portraits et dans la plus célèbre scène de genre de Degas, l'*Absinthe*.

Le peintre entrevoit quelque chose des données qui lui serviront plus tard, mais il est incapable d'en tirer parti parce qu'il ne saisit pas encore le sens de ses propres découvertes. L'importance de ses recherches, et peut-être de quelques-unes de ses trouvailles ne lui échappait pas, ni l'ambition qui le poussait à exécuter une œuvre difficile. On en a le témoignage par la correspondance échangée à cette époque avec son père[8]. Malheureusement on ignore s'il pensa ou non avoir atteint son but. Ce qui est certain, c'est que le problème de l'espace continue à l'intéresser. Il va en effet se lancer à cette époque vers des compositions à nombreux personnages. Il commence une série de peintures d'histoire.

En dépit des maladresses que nous avons signalées, le *Famille Bellelli* est un tableau séduisant, il l'est par l'harmonie des couleurs, par l'élégance du dessin, par

[8] P. A. Lemoisne, *Degas et son œuvre*, Paris, Plon, 1954, p. 34.

la qualité de certains fragments. Si Degas ne maîtrise pas encore l'espace, il est déjà capable de camper une figure et surtout d'affirmer la présence d'un personnage. Le portrait de sa tante a déjà la profondeur de la plupart des effigies peintes pas Degas. On est donc surpris de ne plus trouver cet heureux équilibre des formes et cette sensibilité dans des œuvres postérieures. En réalité les peintures d'histoire sont bien plus ambitieuses que le groupe peint à Florence. Chacune d'elles est une étude d'espace: les figures, de proportions relativement réduites, sont toujours représentées en mouvement dans un site dépouillé qui leur laisse un vaste champ. Mais l'iconographie prend le pas sur la cohérence des formes et ces tableaux manquent d'unité.

Le dernier de la série: *Scène de guerre au Moyen Age* est l'aboutissement de ces travaux. Le sujet est particulièrement brutal, c'est une scène de rapt et de viol après le sac d'une ville. Dans un paysage d'hiver où passent des fumées d'incendie, des cavaliers entraînent des femmes nues; l'une d'elle, jetée en travers d'une selle, se débat; une autre est tombée presque sous les pieds des chevaux; un archer, au centre, vise des fuyardes, cependant que d'autres victimes agonisent liées à un arbre ou couchées au premier plan (fig. 2).

Le tableau n'est plus constitué de fragments épars, rassemblés dans un espace sans signification réelle, la structure est cohérente, les mouvements des personnages sont soutenus et amplifiés par des plis de terrain. Les divers éléments tracent, d'un groupe à l'autre, de grandes trajectoires unissant par exemple le corps nu, couché à droite, et le cheval qui s'éloigne, les femmes étendues à gauche et celles qui fuient. Toute la composition montre deux mouvements en sens opposé qui, au centre, laissent un grand vide. L'élan est soutenu et violent au point de suggérer une impression d'éclatement. Les trajectoires, coupées par le cadre, ont un prolongement virtuel qui ajoute encore à la tension dramatique. Si on fait abstraction de l'image, les mouvements et les formes impliquent la disparition prochaine de tout ce qui est représenté. Les cavaliers arrêtés sont suffisamment instables pour participer au mouvement général. Il semble donc que le peintre ait enfin réalisé cet espace multidimensionnel qu'il avait esquissé dans la *Famille Bellelli*. Les figures sont entraînées dans les directions choisies qui dès lors prennent signification. Cependant l'œuvre présente une ambiguïté profonde et gênante, qui cette fois est due au sujet. Ce qui est raconté ici est en contradiction avec les formes. Le spectateur doit nécessairement s'appesantir sur le sort de personnages qui lui sont présentés dans une situation pareille; devenu récit, le tableau se décompose en épisodes sans qu'on puisse tenir compte des grandes trajectoires qui unissent les masses colorées. Or le sens iconographique est sans aucun rapport avec celui de la peinture. Ce qui est décrit, c'est la mort donc l'immobilité définitive de la majorité des personnages. Le geste cruel de l'archer doit arrêter définitivement les fuyardes. Un seul départ est probable, celui du cavalier coupé par le cadre. Or ce qui est peint c'est la disparition de tous les êtres en présence qui laissent derrière eux le paysage désert. Les deux thèmes sont contradictoires et l'histoire qu'on nous montre est si dramatique qu'il est difficile de n'en pas tenir compte.

Il faut ajouter que l'histoire est également très lisible parce que Degas conserve un dessin très précis qui découpe et isole les figures. Les formes sont souvent décrites pour elles-mêmes, c'est le cas pour la femme couchée au premier plan et pour celle qui est attachée à l'arbre, un bras en l'air. Les habitudes techniques, une certaine manière de voir apprise depuis longtemps, viennent encore perturber la conception globale du tableau.

C'est la dernière tentative de peinture d'histoire de Degas, on peut donc admettre que le peintre comprit qu'il se trouvait dans une impasse. Mais il ne le vit certainement pas tout de suite puisque la toile fut exposée au Salon de 1865. Ce n'est qu'après des mois sans doute qu'il porta un jugement défavorable sur son œuvre. Nous avons signalé une réaction analogue, également différée chez Michel-Ange. La raison de l'échec ne lui échappa certainement pas puisqu'il choisit par la suite des sujets anodins, chevaux, danseuses, café-concert. L'attention ne peut plus se porter sur le sort des personnages et les constructions spatiales ne seront plus contredites par le sens de l'image.

Des œuvres comme *Devant les tribunes* ou les *Foyer de la danse* montrent à quoi tendaient toutes ces re-cherches; elles donnent après coup le sens du miroir et de la porte ouverte dans la *Famille Bellelli* et des trajectoires de la *Scène de guerre au Moyen Age*. Les tableaux sont construits sur des obliques profondes qui se prolongent dans les psychés des scènes de danse. Les effets de fuite ne sont plus altérés par rien. Un vide, plus vaste encore qu'en 1865, occupe le centre des toiles. L'instabilité naturelle des chevaux et des dan-seuses leur confère une certaine ambiguïté que con-firment encore les reflets et les ombres. Tout cette fois concourt à mettre en lumière la disparition proche de toute chose. Ce n'est plus la mort qui est présente, mais la fugacité des êtres. Traitées par masses simples les figures, quoique précises, sont entraînées dans le mouvement (fig. 3).

Il semble qu'aucune des étapes de cette formation n'ait été inutile, malgré l'apparente régression qui se manifeste dans les peintures d'histoire; pour se trouver lui-même Degas devait passer par les formes d'autrui, les maîtriser et ensuite les effacer morceau après morceau. Les qualités de la *Famille Bellelli* viennent de ce que le jeune peintre ne suit pas encore son propre chemin, il conserve quantité de points d'appui qui lui permettent d'équilibrer certaines parties de son tableau. Ce qu'il y a d'original dans la construction paraît encore accessoire et ne désarticule pas le tout, il n'en va plus de même par la suite. C'est lorsqu'il touche à la composition sans profondeur de son groupe pour donner sens à la totalité de l'espace que les vraies difficultés commencent. La *Famille Bellelli* représente donc le dernier point d'attache solide au passé, c'est, toute proportion gardée, l'équivalent de la *Pietà* de Saint-Pierre de Rome pour Michel-Ange: Une œuvre somme toute réussie, compte tenu de ce qui existe, mais qui annonce à son auteur qu'il faut désormais chercher autre chose.

Le rythme des étapes de la formation varie suivant les individus. La carrière de Raphaël est plus rapide que celle de Michel-Ange, les hésitations de Degas ne se trouvent pas chez Renoir. On rencontre cependant à peu près partout la même succession d'expériences. L'assimilation pratique du style d'autrui après l'apprentissage technique proprement dit est tout à fait habituel. C'est après avoir exécuté de ses mains des œuvres traditionnelles, qui le satisfont pour un temps, que vient pour l'artiste une période critique, de recherche originale. Elle est souvent marquée par un fléchissement de la qualité des œuvres qui s'explique par une mise en cause radicale de tout ce qui avait été précédemment mis en usage. L'unité obtenue presque sans peine grâce à des formules apprises est particulièrement difficile à retrouver. Il a fallu cinq ans à Michel-Ange, sept ou huit ans à Degas pour passer de l'imitation des œuvres d'autrui à l'élaboration de formes personnelles parfaitement cohérentes. Ce temps n'est pas anormalement long, la maturation de l'œuvre suppose une sorte de conversion: la découverte de l'insuffisance de tout ce qui a été admiré naguère dans son propre atelier et dans celui des autres ne suffit pas, il faut encore découvrir une cohérence nouvelle dont les fondements sont inconnus.

Moins la rupture est brutale, plus l'élaboration du style nouveau est aisée. La puissance des œuvres de la maturité de Michel-Ange s'enracine encore, dans les formes de J. della Quercia et s'il rejette les harmonies statiques de ses contemporains et la stabilité de leur système de proportion, il accepte sans hésiter les conceptions générales des maîtres d'alors, leur éloge du corps humain par exemple, le souci de l'anatomie, la perfection de la taille. Ses formes s'inscrivent dans la potentialité non encore révélée du style de son temps. Il n'est donc pas obligé de rompre toutes les amarres. On peut en dire autant, à plus forte raison, pour des artistes dont les innovations ont un caractère moins radical. L'insertion dans une tradition artistique conserve encore un sens dans l'œuvre future. Cela vaut encore pour les impressionnistes, en dépit d'un milieu bien plus pauvre, mais cette indigence annonce que bientôt l'invention ne trouvera plus d'appui dans les formes existantes.

UN AUTODIDACTE. CEZANNE

Les artistes dont nous avons analysé les débuts et tous ceux, ils sont légion, qui ont subi une formation semblable ont été initiés par des maîtres aux rudiments du métier. Cette préparation semble être une base indispensable aux découvertes futures. Il peut arriver cependant qu'un peintre ou un sculpteur doive faire seul, presque sans conseils, ce premier écolage. C'est le cas de Cézanne.

A peu près contemporain de Degas, le peintre d'Aix, après quelques années de lutte contre son père qui le poussait à faire son droit, vint à Paris pour apprendre la peinture, mais échoua en 1861 à l'entrée de l'Ecole des Beaux-Arts. Par la suite, il ne se choisit ni maître ni professeur et entreprit de se préparer en travaillant d'après modèle à l'Académie Suisse, atelier libre, où il reçut peut-être quelques critiques de camarades, mais aucun enseignement suivi.

Les expériences de Cézanne à cette époque vont dans deux directions: Il peint des portraits, des paysages et des natures mortes d'après nature, mais il exécute aussi des compositions imaginaires où il semble fuir les difficultés qu'il éprouve face aux modèles. Quel que soit le jugement qu'on peut porter aujourd'hui sur ces œuvres, il est certain que l'auteur n'en était pas satisfait. Il est constamment découragé par les difficultés de la tâche qu'il a entreprise, ses moyens d'action lui paraissent toujours inadéquats. On trouve l'écho de ses doutes dans sa correspondance, on possède aussi le témoignage de son ami, Emile Zola, qui semble avoir été très impressionné par les difficultés dans lesquelles se débattait Cézanne.

A regarder les œuvres peintes d'après nature, on se rend compte que c'est bien la technique qui est en jeu. La touche est très épaisse, avec des coulées; Cézanne travaille aussi au couteau, ce qui donne de beaux effets mais impose une certaine ambiguïté de forme; le peintre la corrige en introduisant des ombres massives ou en cernant les figures d'un trait épais. Cette manière impulsive et souvent brutale n'est certainement pas tout à fait maîtrisée. D'autre part, Cézanne se heurte à des difficultés de perspective et de cadrage que ne connaissent pas ses contemporains; ses sentiments lui imposent certaines disproportions expressives, comme la nappe monumentale de la *Pendule noire,* ou la figure d'Alexis dans *Paul Alexis lisant un manuscrit à Emile Zola,* mais il ne semble pas qu'il soit satisfait du résultat et tout ce qu'il a créé par la suite indique que cette peinture massive et violente dépassait ses intentions.

Ses œuvres imaginaires montrent mieux encore les difficultés auxquelles il se heurte. Là, loin de toute donnée perceptive, il ose concevoir de larges espaces où flottent avec une facilité onirique, des figures nombreuses. Il use de fond bleu où se confondent le ciel et la mer, ou bien il esquisse des perspectives montantes. Ses sujets ont parfois un caractère nostalgique: il se voit, par exemple, déjeunant sur l'herbe avec des amis, hommes et femmes; plus souvent, ce sont des thèmes érotiques qui l'attirent: *la Tentation de saint Antoine, Orgie, Nouvelle Olympia, l'Après-midi à Naples* répètent la même image de la femme nue, aux formes très amples, qui s'offre aux caresses. Ainsi se délivre-t-il doublement et de sa solitude et des difficultés qu'il éprouve à peindre d'une manière efficace d'après nature. Tout indique d'ailleurs que ces peintures-là ne le satisfont pas plus que les autres.

Or nous savons, par la correspondance de Cézanne, que ses doutes disparaîtront vers 1873, c'est-à-dire après douze ans d'efforts pénibles et d'échecs. En 1874, il écrit à sa mère: « *Je commence à me trouver plus fort que tous ceux qui m'entourent et vous savez que la bonne opinion que j'ai sur mon compte n'est venue qu'à bon escient*[9]. » Cet optimisme ne doit rien aux circonstances. La lettre a été écrite au lendemain de la première exposition des Impressionnistes, qui lui valut d'être particulièrement malmené par la critique. La certitude qu'il est *fort* reflète un jugement personnel sur sa manière de peindre. Cette conviction ne le quittera plus, tous ses écrits en témoignent.

Pour autant que nous puissions le savoir, c'est un nouvel apprentissage sous la conduite de Pissarro qui a permis à Cézanne de résoudre ses difficultés. Celui-ci est allé habiter deux ans dans l'Oise auprès de son ami qui l'initia aux méthodes des impressionnistes. Cézanne se mit alors à travailler par petites touches, le pinceau chargé de peu de matière, il abandonna aussi les tons saturés et apprit à construire des espaces où les objets se fondent dans les couleurs transparentes. La légèreté des tableaux de Pontoise ou d'Auvers est bien le signe de la maîtrise enfin atteinte. Le contraste entre les œuvres imaginaires et les peintures réalisées d'après nature s'estompe, le peintre recourt d'ailleurs de moins

[9] P. Cézanne, *Correspondances*, recueillies, annotées et préfacées par J. Rewald, Paris, Grasset, p. 122.

en moins à des thèmes érotiques ou nostalgiques. Des modifications importantes apparaîtront encore par la suite, mais la rupture entre deux manières de peindre n'aura plus ce caractère de brusque conversion qu'on constate entre 1871 et 1873. Sous l'influence de Pissarro, Cézanne a pu s'intégrer à une école, découvrir, en s'y conformant dans ses propres toiles, les rapports de la couleur, de la touche et de la construction spatiale des impressionnistes. Il a, après douze années d'expériences personnelles, suivi la voie classique de l'imitation.

On voit d'ailleurs par cet exemple que l'intégration des formes d'autrui n'est pas celle, passive, du copiste; il s'agit de comprendre comment naissent les formes à partir des pigments et de la toile vierge; de retrouver l'ordre des diverses démarches nécessaires pour atteindre la cohérence de la peinture, de se placer dans le chemin de l'autre pour réaliser ce qu'est un chemin et pouvoir à son tour en tracer de nouveaux.

L'admiration de Cézanne pour les impressionnistes et plus particulièrement pour Pissarro est la clé de sa soumission. De même Michel-Ange sculptait *le Bacchus* pour comprendre comment naissent les chefs-d'œuvre. Il se passe chez Cézanne la même évolution; s'étant assimilé cette manière de peindre, en ayant compris, de l'intérieur, les ressources véritables, il découvre que tout cela est insuffisant pour exprimer ce qu'il croit savoir de la réalité et il invente de nouvelles formes.

LA RUPTURE AVEC LE PASSE

Vers 1860, la tradition artistique était assez vivante pour qu'un apprentissage basé sur l'admiration des œuvres d'autrui et sur l'assimilation de formes préexistantes fut possible. Il n'en va plus de même en 1900. Tout ce qui paraissait ferme quelques années plus tôt se trouve ébranlé. A partir de 1880, les formes entrent dans une période de mutation: L'imagination d'un Redon, d'un Ensor, d'un Munch introduisent un univers onirique étranger à toute observation; l'art passionné d'un Van Gogh, les recherches de Seurat et de Gauguin, les derniers Cézanne inaugurent une nouvelle manière de construire l'espace; les œuvres tardives de Rodin mettent en cause l'aspect du corps humain. La multiplicité des voies suivies est inquiétante, les formules antérieures sont mises en cause sans qu'une structure nouvelle vienne les remplacer.

Les données fondamentales de l'espace tel qu'il avait été conçu depuis la Renaissance sont battues en brèche. L'univers de la peinture ne se rassemble plus sous le regard d'un spectateur unique situé à quelque distance devant la toile. Cette fiction abandonnée, il faut trouver de nouveaux critères pour donner sens à la peinture.

Les jeunes peintres d'alors, Picasso, Braque, Kupka, Klee, Kandinsky sapent les fondements de l'espace ordonnés depuis des dizaines de générations et s'efforcent de trouver des formules neuves en conformité avec le réel. La mise en perspective d'un espace à trois dimensions et la référence au spectateur fantôme ne sont plus acceptées que lorsque la représentation se donne pour subjective, là où l'objet révèle des liens avec des rêves ou des fantasmes dans les tableaux *métaphysiques* de Chirico ou dans les compositions des peintres surréalistes.

Les sculpteurs rompent aussi avec la tradition. Les premiers signes apparaissent à la fin du siècle, dans les dernières œuvres de Rodin. La connaissance anatomique est devenue inutile. La présence humaine se manifeste désormais par des masses qui peuvent faire allusion au corps mais ne le représentent plus.

Là aussi ce sont les données de la perception visuelle qui sont mises en cause. Comme toujours dans les époques de crise, on voit se prolonger le style et les options précédentes. Maillol et tous ceux qui l'ont suivi, les fauves, certains expressionnistes se souviennent encore du passé; il n'empêche que la majorité des jeunes artistes savaient que toutes traditions étaient désormais perdues.

Lorsque Rodin proposa à Brancusi de le prendre dans son atelier, celui-ci refusa « *Car* », dit-il, « *il ne pousse rien sous les grands arbres*[10] ». La réponse est très significative. Elle révèle l'admiration du sculpteur roumain pour son devancier. Le rapport de maître à disciple était donc possible et en fait, il avait eu lieu puisque Brancusi s'était inspiré de Rodin vers 1906 dans sa première version de la *Muse endormie* et, ensuite, dans le *Supplice*. Il ne semble pas qu'il ait craint d'être mis sous tutelle; en fait, comme l'ont prouvé ses œuvres postérieures, c'est l'inutilité d'une telle démarche qui lui apparaît dès ce moment. En 1908, il sculptera, pour le tombeau d'une jeune femme, le *Baiser,* cette stèle expressive, d'un schématisme extrême qui témoigne de la rupture absolue avec les techniques qui permettaient de modeler le *Balzac* ou les *Bourgeois de Calais* (fig. 9).

Ce n'est pas telle ou telle influence qui est refusée ici, mais toute la tradition de la sculpture occidentale

[10] C. Brancusi, *Hommage à Rodin* dans *Catalogue* du quatrième Salon de la jeune sculpture, Paris 1952, p. 22.

depuis le XIII° siècle. A l'opposé de Michel-Ange qui pouvait, en pastichant les œuvres de ses devanciers, découvrir des possibilités cachées dans ces formes mêmes et y enraciner ses recherches futures, Brancusi sera forcé de tout découvrir seul. C'est peut-être ce qui explique à la fois l'audace de ses sculptures et la volonté qu'il manifeste d'épuiser les virtualités de toutes formes créées par lui; les purifiant à l'extrême et en les essayant patiemment dans des matières diverses, cherchant chaque fois une expression de la vie plus éloignée de la représentation comme telle.

Cette voie solitaire ne s'apparente nullement à celle qu'a suivie Cézanne à ses débuts. Brancusi a reçu un premier enseignement à l'Ecole des Beaux-Arts de Bucarest. Il y a appris les diverses techniques de son art et aussi tout ce qu'un sculpteur peut savoir objectivement du corps humain. Ce n'est pas un autodidacte. Il nous a laissé un étonnant témoignage de ses années d'école, un *Ecorché* où il a résumé avec une minutie soigneuse tout ce qu'on lui a appris à l'Académie, en théorie comme en pratique. L'influence de Rodin joua ensuite, au moment de son arrivée à Paris. Il y a donc là toutes les données d'une préparation habituelle. Ce qui se fait jour en 1908, c'est l'inutilité des premiers efforts et la mise en question radicale de toutes les expériences précédentes.

Ce processus apparaît chez la majorité des artistes qui formeront les nouvelles écoles, les abstraits, les cubistes. Braque et Picasso se tournèrent vers Cézanne après avoir fait l'un des toiles fauves, l'autre des créations plus ou moins imaginaires. Chez l'un et chez l'autre on trouve, comme chez Brancusi, une réaction violente contre soi-même. Rien de plus opposé aux paysages inconsistants de la première manière de Braque que les constructions très volontaires qu'il va peindre en Provence dans des lieux hantés par le souvenir de Cézanne; rien n'accuse davantage le caractère efféminé des *Arlequins* de la période rose que les *Demoiselles d'Avignon*. Le pas définitif sera fait lorsque l'un et l'autre ils découvriront que la composition de la toile est étrangère à la vision qu'on peut avoir du modèle. L'œuvre accomplie par Cézanne avait cependant permis de jeter un pont entre deux générations d'artistes. Par son intermédiaire, quelque chose des formes anciennes demeurait une source féconde pour la peinture.

Cette influence ne joua pas de la même manière dans d'autres milieux. A Munich la rupture fut plus radicale parce que les jeunes peintres ne trouvèrent aucune aide dans le passé.

Si les débuts de Degas ont quelque chose d'exemplaire pour nous faire voir comment un artiste peut, par étapes successives, s'intégrer à une tradition et ensuite s'en détacher suffisamment pour découvrir un langage personnel, les premières années de la carrière de P. Klee nous mettent en présence du difficile apprentissage des époques de rupture.

Les professeurs pourtant ne lui manquèrent pas mais il ne trouva aucun maître. Il fit son apprentissage à Munich et à en croire son journal réussit dès le début des travaux qui « *lui valurent louanges et approbation* [11] ». Au fur et à mesure qu'il se perfectionne, dans l'atelier de Knirr et ensuite à l'Académie, dans la classe de Stuck, il se décourage: « *Au cours du troisième*

[11] P. Klee, *Journal*, traduction de P. Klossowski, Paris, Grasset, 1959, p. 25.

hiver, je reconnus même que, sans doute, je ne saurais jamais peindre [12] ». Un voyage en Italie, pendant lequel il travaille avec assiduité d'après modèles, ne change rien à cet état de chose. Les musées ne lui apprennent rien, l'observation de la « nature » pas davantage. Peindre des nus, dessiner des plâtres s'avèrent parfaitement vain mais Paul Klee ne voit pas d'autres solutions à son désarroi. Plus que d'autres, il semble avoir ressenti la profondeur du fossé qui se creusait entre l'enseignement, toujours dirigé vers la représentation correcte d'objets observés par un spectateur unique, et la peinture authentique, dont tout ce qu'il pouvait en dire c'est qu'elle devait être autre chose. Les exercices qui semblaient ennuyeux, mais finalement utiles, à des peintres qui voulaient se mettre à l'école d'Ingres ou de Delacroix, voire de Courbet, étaient absurdes aux yeux de Paul Klee quarante ans plus tard. Il est caractéristique qu'on ne trouve avant 1910 ni dans son journal, ni à travers ses œuvres, aucune marque d'admiration pour l'un de ses devanciers à l'exception peut-être de Goya. Il cite aussi les dessins de Rodin, mais avec réticences.

Une telle situation explique que les premiers essais de P. Klee soient extrêmement incohérents; quelques mois lui suffisent, parfois moins, pour épuiser une expérience et on le voit sans cesse changer de manière et de technique.

Sa première exposition fut consacrée à des gravures. C'étaient des sortes de carricatures montrant des personnages que des déformations rendaient monstrueux. On y voit un mélange d'observation et de fantaisie. Le poids et le volume sont suggérés mais il n'y a aucun

[12] P. Klee, *Journal*, p. 54.

effort d'intégration spatiale. Le fond est neutre et, en fait, plat. L'humour de P. Klee ne se manifeste nullement par les formes; seul le sujet, tel qu'on pourrait le décrire, a une signification. Lorsqu'il commente ces gravures, il fait allusion aux problèmes techniques et à l'iconographie mais la forme ne semble pas l'intéresser; voici en effet ce qu'il écrit à propos de la *Vierge dans l'arbre: « Le contenu poétique équivaut en somme à celui de Femme et animal. Les animaux (le couple d'oiseaux) sont naturels, et à deux. La femme par sa virginité veut être quelque chose de particulier, sans pour autant faire trop heureuse figure. Critique de la société bourgeoise* [13]. » (fig. 4).

Il est significatif que l'aspect narratif passe au premier plan. C'est une réaction normale devant les difficultés que pose la cohérence de la forme. On se souviendra à cet égard des peintures historiques de Degas; là aussi le recours au récit était un aveu d'impuissance et il faut vraisemblablement ranger dans cette catégorie bien des œuvres de débutants comme les *Mangeurs de pommes de terre* de Van Gogh et des figures de la période bleue de Picasso, *la Repasseuse*, par exemple.

Dès après son exposition, Paul Klee renoncera au style de ses gravures. De 1905 à 1908 il hésite entre une multitude de formules sans jamais s'arrêter à rien. Tantôt sa touche est extrêmement épaisse, tantôt il revient à des effets graphiques; dans certaines œuvres il use d'une polychromie très joyeuse, ailleurs il se cantonne dans les gris. Chacune des expériences successives semble détruire la précédente. Le peintre cesse de faire appel à des développements narratifs mais ne

[13] P. Klee, *Journal,* p. 149.

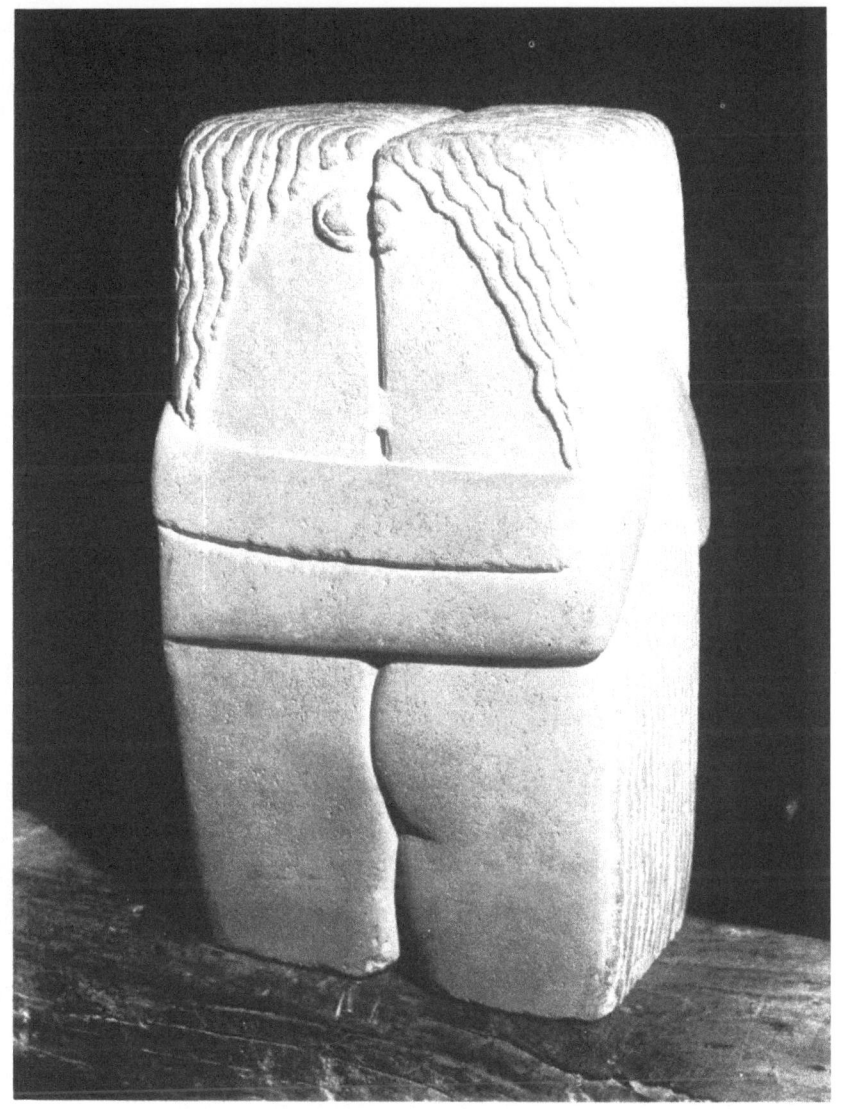

9. C. Brancusi, *Le Baiser*, Philadelphie, Museum of Art.

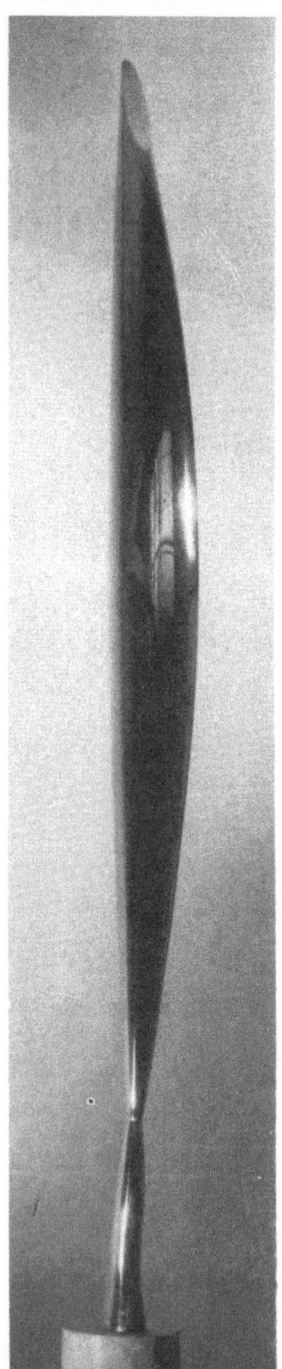

10. C. Brancusi, *L'Oiseau,* Paris, Musée National d'Art Moderne. *(Cliché des Musées Nationaux)*

11. Pisanello, *Médaille de Cécile de Gonzague,* Paris, Bibliothèque Nationale.

KENNETH ARMITAGE
TWEE ZITTENDE FIGUREN 1964

se fixe sur aucune forme. Dans ses écrits, on trouve toujours le même désarroi; malgré ses années d'école et de travail, il se considère comme un autodidacte de la peinture.

Le cubisme jouera pour lui un rôle déterminant. Vers 1910, il se tournera vers l'école de Paris et plus particulièrement vers Picasso, et il peindra la *Fillette aux cruches;* il est évidemment attiré par la découverte d'un espace à deux dimensions où peuvent s'ordonner des volumes massifs et simples sans qu'intervienne un point de vue extérieur à l'œuvre.

La conversion est moins brutale que chez Brancusi ou chez Braque parce qu'aucune option n'avait été prise antérieurement. La disparition du spectateur fantôme est la véritable révélation du cubisme pour Paul Klee, c'est la fin des errements c'est-à-dire la possibilité enfin entrevue d'un moyen d'expression en rupture radicale avec le passé. Cette découverte sera particulièrement féconde comme le montreront les aquarelles peintes en Tunisie en 1914. Là, et dans toutes les constructions qu'il établira par la suite, les allusions au monde extérieur se fondent dans des structures purement picturales où l'analyse des objets, chère aux cubistes, n'a plus de nécessité. Alors naîtra un espace mobile et ambigu, plus vivant, plus expressif qu'aucune représentation.

Cette période de rupture, assez proche de nous pour que nous puissions suivre la carrière de chacun des artistes qui en ont été les acteurs, éclaire de manière significative les conditions dans lesquelles de tels phénomènes peuvent avoir lieu. On voit en effet que ce n'est pas du tout la transmission des techniques qui est en cause. P. Klee, aussi bien que Brancusi, a reçu cet apprentissage. Ils avaient été préparés, l'un et l'autre, à exécuter correctement un certain type d'œuvre; l'habileté ne leur manque pas, ni les connaissances, mais le monde où ils vivent ne leur permet plus d'utiliser ce savoir. A Paris comme à Munich, on sait que la perception visuelle ne peut pas exprimer authentiquement la réalité. La recherche d'autres formules est urgente, elle ne peut se faire à partir de l'enseignement mais contre lui. Les hésitations et les inquiétudes de Paul Klee s'expliquent par cette carence inévitable. C'est notre rapport avec les choses qui était en jeu alors, comme il l'est aujourd'hui; retrouver le sens du visible pose des problèmes que ne peuvent résoudre les académies.

LE MONDE PERÇU

Ni le peintre, ni le sculpteur ne sont des observateurs objectifs; ils n'expriment pas ce qu'ils voient, mais ce qu'ils croient. La signification d'une chose et son rôle spatial sont l'essentiel de leurs recherches.

La fidélité aux données de la perception peut être une manière parmi d'autres de qualifier les objets. Elle suppose que leur aspect extérieur, la manière dont ils nous apparaissent, en donne le sens et la valeur. Lorsque Jean Van Eyck fait la différence entre une étoffe de velours et un tissu de drap, c'est que la qualité d'un tissu et les distinctions de cette sorte ont de l'importance pour lui et vraisemblablement pour les gens qu'il côtoie à Liège ou à Bruges à cette époque; un objet symbolique ne suffit pas pour indiquer la puissance, la richesse matérielle doit apparaître, elle aussi; or elle se manifeste par la possession de vête-ment, de bijoux, de meubles dont les matières rares et précieuses font la valeur. Une telle conception n'a rien d'étrange dans le milieu de marchands des Anciens Pays-Bas et les princes de la maison de Bourgogne mettaient eux aussi une grande ostentation à s'entourer d'objets somptueux. Toutes ces choses précieuses deviennent inévitablement les seuls symboles possibles d'une royauté terrestre ou céleste et il est naturel de voir la vierge d'Autun parée d'or et de velours et de constater l'insistance que J. Van Eyck met à nous assurer de la texture exacte de l'étoffe, de la dureté et du brillant du métal, de l'orient des perles. Savoir de quoi sont faites les choses lui semble très important et s'il se soucie aussi de la qualité d'un plumage d'oiseau, d'un pétale de fleur, d'une pierre ou d'un banc, c'est qu'il est persuadé que voir et toucher les choses nous assurent de ce qu'elles sont (fig. 6).

La plupart des peintres de l'école de Bruges penseront de même, alors que leurs contemporains italiens s'intéressent davantage aux formes qu'aux matières; le dessin exact d'un animal ou d'un vêtement, l'élégance de ses lignes et la manière claire dont on peut en déchiffrer la forme importaient bien davantage à Pisanello, à Fra Angelico ou à Masaccio que la matière dont ils étaient faits. Ce qui fait la valeur, voire la réalité des choses, est donc jugé différemment au nord et au sud des Alpes. Flamands et Italiens croient cependant aux données de la perception, mais ils ne retiennent que certaines d'entre elles, seules significatives à leurs yeux. C'est cette sélection qui les sépare.

L'attitude réaliste a été généralement adoptée en Occident à partir du XVe siècle. On la retrouve aussi en Grèce et à Rome. On ne peut, pour autant, la confondre avec une manière naturelle ou primitive de concevoir la peinture ou la sculpture. Bien au contraire, on constate qu'elle apparaît seulement dans les milieux urbains, là où l'on vit du commerce ou de l'industrie et seulement au terme d'une évolution assez longue. La vie citadine ne suffit pas à expliquer son éclosion. Byzance par exemple y fut toujours hostile.

Les Impressionnistes à la fin du XIXe siècle ont défendu avec une particulière vigueur l'idée que la peinture peut et doit être le reflet des données de la perception visuelle. Leurs recherches sur les couleurs et leur action sur la rétine, leur façon de juxtaposer les touches dans le but avoué d'exprimer les vibrations de la lumière indiquent bien leur souci de se conformer à ce qu'ils croient le réel, c'est-à-dire à ce qui apparaît aux yeux. Le résultat de leur démarche, les tableaux qui ont été peints, ne nous montrent cependant pas le spectacle qu'ils ont vu, mais un certain rapport qu'ils ont établi avec ce spectacle.

Nul, semble-t-il, n'a été plus loin dans le souci d'objectivité que Claude Monet à l'époque où il a peint les *Cathédrale de Rouen.* Il avait préparé une série de toiles, chacune représentant la cathédrale à une heure déterminée. Il s'était installé à une fenêtre donnant sur la façade, et chaque jour, au moment voulu, il prenait une de ses ébauches et y travaillait jusqu'à ce que la lumière changeât. Une série était prévue pour le temps gris, une autre pour le soleil. L'intention du peintre était bien de restituer exactement les données de la perception. Cependant les cathédrales sont moins des documents optiques qu'il n'y paraît. Le motif a été soigneusement sélectionné et mis en page pour les besoins de la cause. Le monument occupe en effet la toile entière, sans qu'aucune distance soit repérable. Les couleurs sont choisies dans des gammes très claires, d'une harmonie qui enlève à la pierre toute apparence de dureté. Peindre la lumière sur les choses, plutôt que les choses est aussi arbitraire que peindre les choses sans se soucier des variations de la lumière. Ce qui frappe dans les *Cathédrale* c'est leur caractère immatériel, le mur disparaît dans une sorte de brume lumineuse, quelle que soit l'heure du jour. Comment ne pas admettre que le peintre choisit un certain rapport privilégié avec le modèle et exclut toute autre possibilité de le comprendre. Les Cathédrales de Monet ressemblent bien plus à ses *Nymphéas* ou à ses *Meules* qu'à n'importe quelle autre représentation de monument gothique. La *Cathédrale de Salisbury* de Constable, la *Cathédrale de Chartres* de Corot nous montrent un tout autre univers; cependant leurs auteurs s'intéressaient aussi à la lumière et ont peint sur le motif.

Si réalistes que soient les intentions du peintre, le modèle qu'il a devant les yeux n'est guère que prétexte à montrer un certain rapport avec les choses, avec n'importe quelle chose. C'est pourquoi les *Nymphéas* doivent ressembler à la *Cathédrale de Rouen*, l'un et l'autre traduisent un seul aspect du visible. Quoiqu'en disent les impressionnistes, la fleur flottant sur l'eau, le monument, le paysage n'ont aucune valeur objective; la seule réalité du spectacle est la couleur changeante, reflet de la lumière solaire. Mais cette lumière même ne sera pas traduite telle quelle, elle ne pourra trouver sens que dans une certaine harmonie, il faudra donc choisir une gamme de tons, où chaque élément sera tout à fait différent de ce qui est perçu.

De telles modifications apparaissent même lorsque le tableau ne doit pas être montré au public. Ainsi Corot, jusqu'en 1852, élaborait à l'atelier les œuvres qu'il présentait au Salon; cela ne l'empêchait pas de peindre de très nombreuses études d'après nature, qui peuvent être considérées comme des notes personnelles. On pourrait par conséquent les croire fidèles. Or des photographies prises des endroits où il avait installé son chevalet ont prouvé que Corot transformait profondément son motif. Lorsqu'il peint à Rome, aux abords du Château Saint-Ange, il déplace le pont du Tibre et rapproche considérablement la coupole de Saint-Pierre qu'il place au centre de sa composition. C'est un changement radical par rapport au perçu. Les études de Corot correspondent aux exigences du peintre, qui recherche un équilibre de volumes simples, non à ce qu'il a vu. Toutes les études peintes au cours de son premier voyage en Italie ont un aspect monumental qui est la découverte essentielle du jeune peintre à cette époque. Ainsi, ce qu'il a voulu fixer n'est pas du tout l'objet perçu mais la manière dont les paysages romains prenaient sens pour lui, une certaine manière de voir, en fait l'essence même du voir [14].

Même lorsqu'ils donnent une grande valeur à la perception visuelle, la plupart des artistes se rendent parfaitement compte qu'ils transforment ce qu'ils voient, et qu'il leur serait d'ailleurs impossible d'agir autrement. C'est ainsi que les recherches des sculpteurs et des peintres de la Renaissance au sujet des mesures idéales du corps humain montrent bien qu'ils ne voulaient pas restituer l'aspect d'un certain modèle qui posait devant eux, mais élaborer un objet parfait différent de tous les hommes réels. Seul, en effet, un tel objet pouvait exprimer la perfection qu'ils reconnaissaient à la « *noble architecture du corps humain* ». Si, à d'autres époques, des caractères plus particuliers, la

[14] M. Merleau-Ponty, *L'œil et l'esprit*, Paris, Gallimard, 1964.

mobilité des muscles ou l'aspect de la chair ont pu séduire les sculpteurs, ils se sont trouvés, cependant, toujours dans l'obligation d'apporter des modifications suffisantes pour que cet aspect, choisi par eux, soit réellement privilégié. Comme le dit Focillon: « *Le corps de l'homme est pâle, instable, mobile et mou. On est surpris de constater sa minceur et presque son illisibilité en plein air* [15]. » Manifester une intention réaliste à travers le marbre ou le bronze suppose en tout cas qu'on exprime l'instabilité de la chair dans la stabilité inéluctable de la statue, en conférant au corps l'épaisseur et la force expressive qui lui manque. On fera apparaître, non la contingence absolue des corps véritables qui s'étalent sur nos plages, mais ce qu'est l'instabilité, le mouvement, le caractère typique de tel homme ou de tel métier. L'usage de matériaux nouveaux, souples et mous n'entraînent pas pour autant une soumission plus grande à la perception; matières plastiques, baudruche ou plâtre, sont d'autres moyens de traduire ce qu'on pense du corps, non la manière dont il apparaît. L'identification au matériau utilisé prend elle-même un sens, si bien que le sculpteur manifeste toujours, par les mutations qu'il provoque, l'inséparable rapport de la forme significative et de la matière.

Il va de soi que, pour le peintre aussi, la manière de poser la couleur, leur choix, celui du médium et du support sont essentiels à l'expression du lien entre lui et les objets que nous découvrons dans ses œuvres. Les difficultés des débuts de Cézanne illustrent fort bien la nécessité où se trouve le peintre de trouver un

---

[15] H. Focillon, *L'Art des sculpteurs romans*, Paris, Leroux, 1951, P.U.F., 1964, p. 29.

équilibre parfait entre ce que le monde extérieur représente pour lui et la manière dont il dispose les couleurs sur la toile. C'est ce qui lui permettra de reconstruire ce qu'il voit en donnant à l'ensemble des choses
un sens univoque. Car dans les cas que nous avons
envisagés jusqu'à présent il n'est pas question de nier
ce que les yeux voient mais simplement d'introduire
un ordre qui permette de comprendre la signification
du spectacle du monde. Car chaque tableau, chaque
statue met en cause l'ensemble du monde visible. Cela
est aussi vrai pour les déformations d'un Rodin que
pour l'idéalisation d'un grec d'époque classique, ce l'est
aussi bien pour les discrètes métamorphoses introduites
par Corot que pour la mise en question brutale des
cubistes.

LE PORTRAIT

Quel que soit le rapport qu'entretient l'artiste avec
le modèle, il ne s'agit jamais d'enregistrer sans plus
les données de la perception. C'est plus évident encore
pour le portrait que pour le paysage ou la nature
morte.

Dans l'*Imaginaire,* Sartre parle longuement du portrait et il semble opposer un aspect formel, esthétique,
à ce qu'on pourrait appeler la ressemblance. Le portrait serait une harmonie de couleur et de forme sans
lien avec son rôle d'effigie. Envisagé sous ce dernier
aspect, l'auteur le considère comme une image qui
nous renseigne au sujet d'un être absent, connu ou
inconnu [16].

C'est définir comme essentiel le rapport du specta-

[16] J. P. Sartre, *L'Imaginaire,* Paris, Gallimard, 1948, p. 38.

teur avec le modèle alors que ce qui constitue la peinture figurative, à la racine, c'est la manière dont certains objets du monde apparaissent au peintre et au sculpteur. Dans ce sens on ne peut jamais parler d'absent parce que ce qu'on cherche à exprimer, nous l'avons vu, c'est une attitude permanente vis-à-vis de toutes les choses visibles. L'effigie ne nous renvoit donc pas à un certain individu qui a posé un jour devant le peintre mais à la présence humaine comme telle.

Contrairement à ce qui se passe lorsque nous imaginons une personne absente, l'œuvre nous impose une certaine structure qui dépasse toute allusion à l'aspect du modèle. Il va de soi, par exemple, que le *Balzac* de Rodin ne nous donne aucun renseignement sur Honoré de Balzac mais nous met en présence d'une certaine manière d'être homme. C'est donc nous-même et Rodin, et tous les êtres humains qui prennent une signification nouvelle à partir du *Balzac*. Il est vrai que Rodin a interrogé des photographies et des documents graphiques pour réaliser sa statue, mais la nouvelle synthèse qu'il a faite ne renvoit à aucun des portraits antérieurs du romancier, même si le visage offre une certaine ressemblance avec les traits reproduits par Nadar ou Daumier. C'est la grande masse de terre ou de bronze qui est devenue expressive, cette matière animée dans laquelle la tête et la face prennent part à des métamorphoses au même titre que la part plus informe du corps, si bien qu'il serait plus important de connaître la *Comédie humaine* que l'aspect physique du romancier pour comprendre l'interprétation du sculpteur qui dresse devant nous l'inventeur d'un monde imaginaire prodigieux et à travers lui apparaît une certaine image de l'homme, qui dépasse

l'auteur de tel et tel livre, pour devenir celle de la fécondité créatrice liée à la contingence la plus absolue.

Les peintres manifestent tout aussi bien que la ressemblance objective n'est pas un élément essentiel du
portrait, ce n'est pas ce qui nous attire dans la *Joconde*
ni dans la *Jeune fille au turban* de Vermeer, ni dans
le Petrus Christus du Musée de Berlin, pas plus que
dans l'*Homme au gant* de Titien, ce sont pourtant, on
en conviendra, d'excellents portraits.

Une œuvre comme la *Joconde* ne nous renseigne pas
sur le modèle. Il pourrait n'avoir jamais existé sans que
l'intérêt du tableau en soit diminué. La manière dont
le visage est peint, l'attitude, le rapport entre la figure
et le paysage ont un sens qui dépasse de loin tout renseignement objectif qui viserait la véritable Mona Lisa.
L'harmonie de formes et de couleurs est étroitement
liée à l'apparition du personnage. Il n'est pas certain
que nous pourrions reconnaître au passage une femme
semblable à celle que fit poser Léonard de Vinci. De
toutes manières, ce n'est pas sur elle que le portrait
nous aurait appris quelque chose mais sur une certaine
manière d'être présent, ou d'être en présence de, qui
n'est pas le fait de Mona Lisa, mais de Léonard de
Vinci. La Joconde ne peut capter notre attention que
sous la forme que lui a donnée le peintre, elle ne
renvoit à personne en particulier mais nous impose
la présence d'une personne.

Le visage humain n'est pas un objet quelconque,
bien que nous puissions le considérer comme une
partie du corps anatomiquement analysable ou comme
un volume coloré. C'est ainsi qu'il a été longtemps dans
la tradition occidentale de peindre des nus anonymes,
précisément parce que, même s'il représente une

déesse, le nu reste un objet, et le visage est donc simplement une partie du corps. C'est ce qui explique, en partie, le scandale qui atteignit Manet lorsqu'il montra dans l'*Olympia* une figure qui n'était pas une chose mais un être animé, présent, avec un regard vivant. Le modèle était une professionnelle qui avait déjà posé pour Manet; qu'on la reconnut ne pouvait donc donner lieu à critique: Ni la morale bourgeoise ni les habitudes de l'époque ne s'opposaient à ce que Victorine Meurent posa nue dans un atelier. Mais l'évidence de la présence d'autrui dans ce nu si complaisamment offert choquait ou inquiétait les spectateurs. Cet exemple montre bien que ce n'est pas la ressemblance qui est en cause, puisqu'ici reconnaître le modèle devait rassurer sur les intentions du peintre, mais l'expression d'une certaine présence qui est spécifique du portrait.

La ressemblance objective est accessoire. Le portrait nous révèle, à travers le jeu des lignes et des couleurs qui constituent le tableau, un être conscient et autonome. C'est cela qui fascine le public qui défile devant la *Joconde*. Au-delà du modèle depuis longtemps oublié, le spectateur découvre là quelqu'un, irréductiblement différent de lui-même, autrui. L'étonnant est qu'on puisse exprimer cela avec des pinceaux ou de la terre glaise, qu'on puisse peindre la présence vivante à travers la forme.

Il va de soi que le rapport avec autrui, tel qu'il apparaît, comme corps, comme visage, offre de nombreuses modalités. L'attention peut se porter sur le détail, et une approche analytique analogue à celle de l'enthomologiste n'est pas exclue. Cependant si l'artiste se limite à l'observation minutieuse du grain de la peau et de la forme du nez, la signification du portrait disparaît, on se retrouve en face de la chose amorphe; si individualisée que soit la figure, nous n'avons devant nous qu'un objet, à l'inverse de ce qui s'est produit lorsque Manet peignit l'*Olympia*. La perfection technique d'un J. Van Eyck est, à cet égard, dangereuse: L'apparition d'autrui comme autrui, c'est-à-dire comme présence partiellement indéchiffrable, est altérée par l'intérêt qu'on peut prendre à analyser certains détails. Cependant, si précis que soit le document, une synthèse apparaît qui crée une alliance nouvelle entre le pli de la bouche, la forme du sourcil et du nez, qui, au-delà de ce que le peintre a observé, traduit un rapport entre lui et son modèle, entre lui et n'importe quel visage humain; cette curiosité avide et impitoyable qui cherche à travers les rides, et l'irrégularité des traits à saisir quelque chose de la manière d'être de l'autre, arrive finalement à exprimer ce que peut être la présence d'autrui. Comme l'offre aussi à nos yeux ceux qui ne s'attardent guère qu'aux gestes fugitifs. Le mouvement d'un interlocuteur, la mobilité de ses traits, la fugacité d'un sourire ou d'un coup d'œil peuvent paraître essentiels à un Fragonard ou à un La Tour; mais toujours il s'agit de relations qui définissent l'autre en tant qu'autre à partir de l'apparition de telle figure particulière.

L'autoportrait est une variante de cette attitude fondamentale. Au-delà de l'observation de ses propres traits dans un miroir, le peintre est à la recherche de lui-même. Il cherche à récupérer ce visage que voient les autres. C'est pourquoi l'auto-portrait a presque toujours l'aspect de l'interrogation anxieuse, si visible dans la série d'effigies laissées par Van Gogh. Qui oserait dire qu'il s'agit simplement de chercher le tracé exact d'une bouche, la couleur précise du teint, alors qu'apparaît cette face singulière toujours inconnue, dont l'instant d'avant le peintre croyait pénétrer la moindre crispation, et qui se révèle surprenante pour celui qui l'interroge? Même ici pourtant, le portrait a un sens qui dépasse les relations subjectives du peintre et du modèle, c'est toujours, à l'apparition de l'être humain, la possibilité d'exister autrement qu'une chose qui est en question. Ce que la peinture manifeste est donc fonction d'une attitude fondamentale du peintre vis-à-vis de toute présence.

Les données socio-culturelles auront, une fois de plus, une certaine importance. Il faut au moins qu'il soit possible de croire que l'apparence physique est révélatrice de la personne. La disparition presque complète du portrait au XX\u{e} siècle s'explique de cette manière, de même que le peu d'intérêt que semblent lui avoir porté les peintres romans. Par ailleurs la profondeur psychologique de certains portraits du XV\u{e} siècle est corrélative de l'intérêt qu'on porte à cette époque à la valeur individuelle, mais on n'en constate pas moins des différences importantes chez des artistes qui ont respiré le même air. A voir les portraits qu'ils ont peints, il est certain qu'un visage n'a pas le même sens pour Manet ou pour Degas. La différence est bien plus forte encore entre J. Van Eyck et R. de le Pasture. Le premier manifeste toujours cette curiosité aiguë qui le met à distance de ses modèles, et cela est aussi vrai lorsqu'il peint sa femme que tel personnage avec lequel il n'a que des relations professionnelles. R. de le Pasture, en revanche, semble toujours chercher le secret le plus profond des êtres; il est évident que les particularités physiques ne l'intéressent guère, il cherche essentiellement à révéler dans des images méditatives l'apparition, à travers les traits d'un visage, d'une conscience absolument singulière. C'est pourquoi on ne retrouve pas l'adversaire farouche de Louis XI dans son *Charles le Téméraire,* ni rien qui nous informe sur son caractère; en dépit d'un certain souci de ressemblance, c'est une densité d'être qui se manifeste d'abord et fait oublier tout ce qu'il y aurait de particulier dans le personnage.

Le portrait offre une expérience privilégiée du peintre et du modèle mais, une fois de plus, apparaît l'aspect fondamental de toute peinture figurative qui vise à mettre en lumière non les singularités des choses mais leur signification et la profondeur des liens qui nous attachent à elles. La ressemblance même n'a rien d'objectif, c'est la présence humaine dans son apparition corporelle qui est mise en question dans chaque effigie. Les modèles changent, mais chaque artiste dévoile uniquement ce qui lui paraît essentiel dans cette confrontation, répétant inlassablement pendant des années la même affirmation à ce sujet; ou plutôt cherchant, devant chaque nouvelle apparition d'autrui, le sens de ces masses colorées qui sont devant lui, choses situées dans l'espace, mais différente de toute autre, à cause du regard, du mouvement des lèvres et de ces traits, qui ne ressemblent à nul autre, dont on peut reconnaître la signification par le dedans. Cependant, là encore, l'objet particulier renvoit à tous les autres, le portrait révèle non le modèle mais une dimension du visible découverte par le peintre qui s'efforce par l'organisation des formes et des couleurs, de l'offrir à notre regard.

LES MÉTAMORPHOSES

Toutes les attitudes réalistes ont un point commun, la croyance dans la valeur des données de la perception visuelle; il suffit donc de montrer l'aspect des choses tel qu'il apparaît au regard pour rendre manifestes certaines réalités; les changements opérés visent essentiellement à rendre le spectacle plus explicite, mais la notion même de spectacle sous-tend les transformations de Corot aussi bien que celles de Monet, voire de Titien ou de Rubens. Lorsque cette croyance est mise en doute, l'observation des objets ne peut plus servir de point de départ à une construction picturale ou à l'élaboration d'une statue, il ne suffit plus de désigner un certain aspect des données de la perception pour en dégager le sens; Il faut procéder à une reconstruction complète de ces données qui, par ailleurs, restent souvent encore à l'origine des formes.

C'est ainsi que les cubistes recréent une synthèse originale à partir d'une analyse de ce qui a pu frapper la vue. Les matières dont les choses peuvent être faites sont envisagées indépendamment d'elles, un journal peut ainsi prendre la forme d'une bouteille. D'autre part la notion du point de vue unique est supprimée non seulement pour l'ensemble de la composition, mais encore pour chaque objet dont les diverses parties sont dispersées sur toute la surface de la toile, ou bien réunies en une seule forme qui est la synthèse de différents angles d'observation. La volonté de reconstruire le réel est évidente, elle vise à la fois la cohérence plastique et le savoir sur les choses. L'aphorisme de Braque « *Les sens déforment mais l'esprit forme* »

◀ 12. K. Armitage, *Deux figures assises,* Ville d'Anvers, Musée de Sculptures en plein air Middelheim. (Ph. J. De Maeyer)

13. H. Moore, *Figure couchée,* Londres Tate Gallery.
▼

14. J. Lipchitz, *Le Chant des voyelles,* Zurich, Kunsthaus.

15. L. Chadwick, *Rencontre VIII*, Ville d'Anvers, Musée de
Sculptures en plein air Middelheim. (Ph. J. De Maeyer)

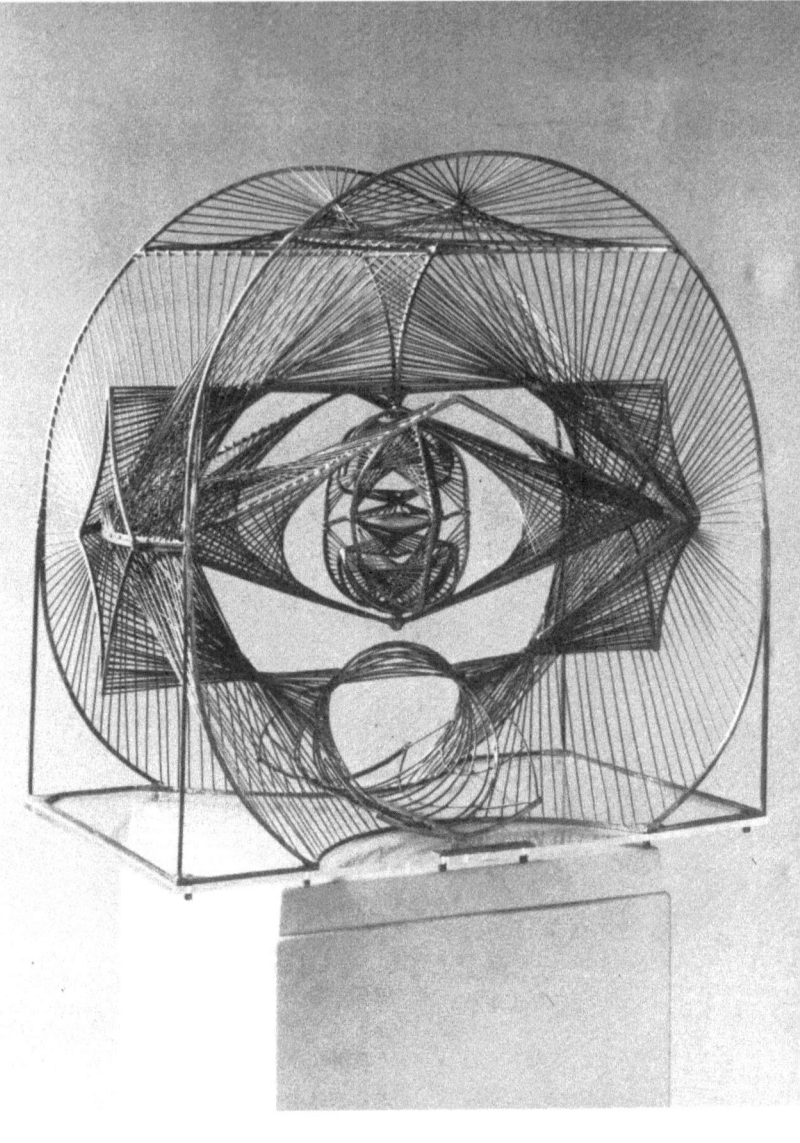

16. A. Pevsner, *Maquette d'un monument symbolisant la libération de l'esprit*, Londres, Tate Gallery.

indique assez le double caractère de ces recherches [17].

Les mêmes procédés analytiques peuvent être utilisés pour exprimer un rapport affectif avec les choses conçues comme symboles de réalités terribles ou séduisantes. Les métamorphoses des figures de *Guernica* de Picasso ne manifestent pas l'unité intelligible du visible, mais le désordre introduit par la guerre et la violence. Tous les changements ont un sens dramatique. Par exemple le cheval, au centre du tableau, a une langue en forme de poignard, sa mâchoire et ses narines sont vues de face et grossies. Toute cette partie de la tête a une ampleur considérable, sans rapport avec les proportions observables de l'animal, alors que les yeux superposés sont extrêmement petits. La forme ainsi obtenue est bien plus expressive que ne le serait la représentation du cheval vue d'un point de vue quelconque. La perception visuelle est bien la source d'une œuvre comme celle-là, mais les données sont multiples et organisées de telle manière qu'elles n'évoquent plus un spectacle, parce que les rapports entre les diverses parties du motif sont établis uniquement en fonction des sentiments violents qu'il s'agit d'exprimer.

Faire allusion au visible sans tenir compte des données de l'observation ne suppose pas nécessairement une juxtaposition d'éléments à la manière de Picasso; il est bien d'autres voies pour découvrir des formes expressives. Par exemple, Brancusi procède par synthèse d'une manière tout opposée. Pour lui, exprimer ce qu'est l'oiseau, c'est faire une sculpture où se perdent et se retrouvent les corps des passereaux et des

[17] Cité par B. Dorival, *Les peintres du XX⁰ siècle,* Paris,Tisné 1957, p. 80.

aigles, des colombes et des canards sauvages. Il procède par simplification et, dans l'œuvre achevée, on retrouvera, la gorge gonflée, la base étroite, la masse oblongue, l'ovoïde qui peut évoquer toutes sortes d'oiseaux. Mais la recherche ne s'arrête pas là, si Brancusi s'intéresse aux oiseaux c'est à cause de leur vol, c'est donc cela qui doit apparaître à première vue. C'est pourquoi la masse sera polie, allongée et le support réduit à l'extrême, l'élan d'une force ascensionnelle pourra ainsi se manifester par l'allègement des formes à travers le schéma de l'oiseau debout, encore attaché au sol. Picasso recompose ce qu'il voit, Brancusi charge les choses visibles d'un sens indiscernable au regard (fig. 10).

Il est possible, tout en conservant des liens avec les choses qui nous entourent, de les évoquer sans qu'il y ait aucune référence au modèle. Quelques traits peuvent faire penser à un objet, sa signification peut d'ailleurs conserver une certaine ambiguïté. Paul Klee pourra, au moyen de lignes ondulées parallèles, évoquer la surface de l'eau mais aussi, par quelques plissements, les traits d'un visage; les yeux, la bouche seront présents pour nous sans que nous voyions leurs limites habituelles, ni même exactement ce que nous croyions être leur forme; c'est plutôt leur situation relative dans la peinture qui les fait apparaître. La même chose se présente pour les architectures du *Ballon rouge;* les rectangles superposés ne sont même pas disposés de manière à évoquer des murs, mais à la partie supérieure de la composition une courbe, enrichie de couleur, et une oblique font penser inévitablement à une coupole et à un toit. Au centre, un disque rouge alourdirait la composition de sa masse trop simple et trop colorée si en quelques traits le peintre n'y avait suspendu une nacelle qui nous oblige à lui donner un sens figuratif. Devenu ballon, le disque, loin d'alourdir le motif, lui impose un mouvement ascensionnel. C'est donc par allusion que procède Paul Klee. Le jeu des tracés fait naître des images sans qu'il y ait de ressemblance véritable avec les données de la sensation. L'équilibre des masses et des couleurs a, en réalité, un sens indépendant de tout représenté, mais certains jeux de lignes ont le pouvoir d'évoquer des objets. Ceux-ci ont, comme on le voit dans le *Ballon rouge,* leur signification propre qui modifie l'équilibre du tableau. Le peintre était parfaitement conscient de cette dialectique de l'image et de la forme. Ainsi a-t-il écrit: « *Tandis que notre œuvre s'élargit petit à petit devant nos yeux, une association d'idées peut surgir et jouer le rôle du Tentateur: céder à l'interprétation figurative. Car chaque forme se prête, si on y met de la fantaisie, à un rapprochement avec des formes connues de la nature.* » Et dans le même texte, plus loin: « *Ces attributs figuratifs, si l'artiste a de la chance, trouveront place précisément à un endroit plutôt pauvre au point de vue plastique, comme s'il y était depuis toujours destiné* [18]. » Il va de soi qu'ici des analyses à la manière de Picasso ne pourraient trouver place puisque c'est le schéma global, lisible qui apparaît dans le graphisme (fig. 5).

Aujourd'hui, la peinture figurative se heurte à l'existence d'objets qui ne se laissent pas intégrer à un univers de formes cohérent. Ni les transformations expres-

[18] P. Klee, *De l'Art moderne* (Note pour une allocution prononcée au musée d'Iéna en 1924) adaptation française de P. Algaux, Bruxelles, éd. de la Connaissance, 1948, p. 29 et p. 31.

sives de Picasso, ni les schèmes de Paul Klee n'ont de prise sur les boîtes à conserves, les photographies de magazines, les machines, les mannequins des vitrines qui remplacent les êtres humains, les villes et les arbres des générations précédentes. A première vue, le problème naît parce que l'objet n'est plus naturel mais, dans le passé, les choses fabriquées par les hommes ont toujours trouvé leur place dans la peinture à côté des plantes et des animaux. De la table d'offrande des tombeaux égyptiens aux natures mortes de Cézanne, de multiples ensembles parfaitement ordonnés montrent bien que l'unité du visible n'est pas mise en cause par les produits de l'industrie humaine. Encore une fois, ce n'est pas du côté du modèle qu'il faut chercher; un balai, une bassine de cuivre, une chaise de paille, une pipe ne sont pas intéressants en eux-mêmes; ils ont pouvoir évocateur par la grâce de Vermeer, de Chardin ou de Van Gogh, qui leur découvrent une signification et les dévoilent en interprétant leurs formes. Les choses qui envahissent notre vie quotidienne ne sont pas fondamentalement différentes parce qu'elles sont reproduites à des millions d'exemplaires, mais le sens que le peintre leur donne est lié à cette surproduction, si bien que ces objets ne peuvent trouver place que parmi d'autres fabrications de série, images publicitaires, bandes dessinées, ce qui entraîne toutes sortes de difficultés au niveau de l'unité spatiale. L'objet, en effet, se trouve ici accolé à une image préexistante, simplifiée, qui est sa forme publicitaire. Pour affirmer une certaine réalité, deux voies s'ouvrent encore. L'une fréquemment utilisée, est l'isolement de l'image à trois dimensions dans un espace vide, ce qui évoque une chose d'une manière particulièrement brutale, comme le montre par exemple Andy Warhol dans sa *Boîte de soupe Cambell*. La « sculpture » peut manifester le même genre d'appréhension des objets en les copiant d'une manière textuelle, tout en les agrandissant, ce que fit par exemple Claes Oldenbourg dans son *Tube géant* qui reproduit les formes d'un tube de dentifrice ou de sauce tomate utilisé, c'est-à-dire applati par place, mais long de soixante-cinq pouces.

On peut aussi procéder par juxtaposition suivant la méthode des collages ou des montages photographiques. Les objets n'apparaissent pas alors comme absolus, ce qui est le cas dans le premier procédé, mais comme soumis à un effort d'intégration où les stéréotypes publicitaires jouent un rôle majeur. Par exemple les figures humaines seront ou des photos de vedettes ou des images dessinées à gros traits et modelées brutalement, les unes et les autres se référant à du *déjà vu,* ce qui implique que le rapport avec les données de la perception n'est jamais direct, comme pouvaient l'être en dépit de mutations postérieures celui de Corot ou même de Picasso, mais passe par une image préfabriquée. La différence éclate aussi avec les schèmes de Paul Klee, puisque, dans ce cas, l'image naît du graphisme et ne rejoint aucune structure préexistante; c'est ce que nous savons des êtres qui nous les fait reconnaître dans les peintures de P. Klee, mais nous ne les avions jamais vus sous l'aspect qui nous est montré. Tout au contraire, c'est l'apparence déjà simplifiée par le trait du publiciste ou la mise en page photographique qui est le point de départ de nombre de peintures actuelles, ce qui pourrait donner à penser que le monde visible prend son sens des stéréotypes qu'imposent le commerce et l'industrie et que nos rapports avec les objets passent nécessairement par cet univers d'images préfabriquées qui dressent une sorte d'écran entre notre entourage et nous. On se souviendra de Degas, incapable d'échapper aux formes d'Ingres ou de Giotto lorsqu'il peint la *Famille Bellelli;* c'est une force analogue qui apparaît ici. Si elle nous semble particulièrement brutale, c'est qu'elle est sans lien avec ce que nous appelons la culture. Nous n'y retrouvons pas de formes élaborées par les artistes du passé, mais des schémas qui sont imposés pour des raisons économiques et qui semblent discrédités par leur origine. Cependant, la différence essentielle n'est pas dans les sources publicitaires des références mais dans l'attitude des peintres par rapport au réel. Degas imitant Ingres croyait encore observer ce qui était devant ses yeux, et il faisait poser sa tante ou ses cousines; les artistes d'aujourd'hui sont conscients de ce qu'ils donnent à voir, ils n'essaient pas d'écarter l'image déjà constituée pour retrouver un donné brut, c'est bien elle qu'ils veulent nous montrer. Ils ne croient pas qu'il y ait des découvertes à faire au niveau de la perception visuelle et rompent avec le contact naïf, d'ailleurs irréalisable, qu'ont poursuivi tous les peintres de tendance réaliste; logiquement ils désavouent aussi le passé culturel qui ne peut leur apporter qu'une autre panoplie de motifs déjà élaborés mais sans rapports avec la vie réelle. La photo d'une star est, dans ce sens, plus riche en symboles que la Joconde, mais elle a aussi plus de signification que l'actrice elle-même, parce que c'est cette image, et non la femme qu'elle dépeint, qui est le signe d'une certaine manière d'être au monde d'où la densité de la présence est exclue.

L'ART ABSTRAIT

L'apparition de l'art abstrait vers 1910 est un événement majeur de l'histoire de la culture occidentale. La rupture avec le passé est particulièrement brutale dans ce cas, puisque les démarches précédentes, celles des impressionnistes notamment, étaient en liaison très étroite avec les données de la perception visuelle. Or l'artiste abstrait, en se refusant à faire allusion au visible, manifeste que de telles données ne sont pas qualifiées pour rendre compte de la réalité et, ce faisant, il va bien plus loin que les cubistes puisqu'il supprime tout rapport avec les objets.

Si voir n'est plus considéré comme source de la peinture, on ne peut cependant affirmer que tous les peintres et les sculpteurs non figuratifs ont nié la valeur des sens. Singier dira par exemple: « *Il me semble que dans la vision du peintre, il n'y a pas que la vue qui importe, il y a aussi les autres sens* » [19]. En revanche, les constructivistes russes ont voulu éliminer toute expérience sensorielle comme base des nouvelles formes. Il faut donc tenir compte d'attitudes très différentes de la part de ceux qu'on groupe sous l'étiquette d'abstraits.

Ainsi Mondrian, comme Gabo, a voulu rendre manifestes les structures du monde naturel dans ce qu'elles peuvent avoir d'élémentaire et d'essentiel. Tout élément contingent est éliminé dans de telles recherches, de même que tout rapport affectif avec les êtres ou les choses. Les Grecs, et plus tard les Italiens de la Renaissance, avaient tenté de mettre en lumière les liens

[19] G. Charbonnier, *Le Monologue du peintre*, Paris, Julliard, 1959, p. 22.

existant entre les formes naturelles et la raison géométrique; cet accord entre un ordre rationnel et les données des sens est peut-être sous-jacent aux efforts poursuivis par le groupe dirigé par Mondrian autour de la revue *De Stijl,* comme à ceux des constructivistes russes dont le porte-parole, Gabo, écrivait: « *Je n'ai trouvé dans la science aucune réponse en terme graphique capable de satisfaire ma vision de l'espace. J'estime que le travail auquel je me suis livré comporte une solution satisfaisante à ce problème. Au lieu d'indiquer l'espace par une intersection angulaire de plans, j'enferme l'espace en une seule et unique surface, courbe et continue. J'élimine l'angularité dans la construction spatiale et confère à l'espace le caractère courbe qu'il possède dans ma perception* » [20]. On voit que la référence à la perception et à une manière personnelle de la concevoir, se trouve indiquée dans un texte où cependant l'élaboration d'une forme apparaît bien comme la solution d'un *problème* de type géométrique. Ce qui est en cause est bien la perception de l'espace par un être humain, mais en fait par n'importe lequel, sans que des circonstances de temps, de lieu ou d'orientation affective puisse intervenir. Ce que cherche Gabo, c'est une expression absolument objective de ce qu'est l'univers pour l'homme en général.

Le manifeste constructiviste de 1920, antérieur au texte que nous citons plus haut, montre bien que les démarches des peintres et des sculpteurs doivent viser à l'objectivité, de celles du savant, sans pour autant se confondre avec elles. On y dit en effet qu'il faut répudier tout ce qui est qualitatif: la couleur, le gra-

---

[20] N. Gabo, *Constructions, sculptures, peintures, dessins, gravures,* Neuchâtel, Le Griffon, 1961, commentaire des figures 64, 65 et 66.

phisme, le volume, la masse, et ne conserver comme moyen d'expression que le *ton des corps,* c'est-à-dire leur substance matérielle absorbant la lumière, la profondeur, la direction des formes statiques cachées dans les objets et enfin les rythmes cynétiques. Les formes nouvelles seront ainsi des sortes de concepts (Gabo dit: « *d'images* ») des choses ou de l'espace, des structures intelligibles qui ne devraient rien à la manière personnelle d'appréhender le monde de tel ou tel artiste, et qui seraient étrangères à toute manifestation de l'affectivité [21]. La peinture est « chose mentale », disait Léonard de Vinci. Il est certain que cette définition conviendrait parfaitement aux recherches issues des théories des constructivistes ou de Mondrian.

Cependant, tout l'art abstrait ne se limite pas à cela. La petite phrase de Singier indique qu'il ne suffit pas de comprendre ce qui nous entoure, mais encore qu'il faut le sentir et il parlera d'un dialogue « *entre ce que l'œil a perçu et ce que moi-même j'apporte à cette vision* [22] ». L'élément subjectif est ici revendiqué comme l'essentiel de l'expérience qui est à l'origine de la peinture « *La réalité... c'est ce avec quoi je peux m'identifier. Vous, vous voyez certainement une chose asez différente* ».

On se trouve alors devant des œuvres qui ne sont plus des « images » ou des concepts, mais dans lesquelles l'artiste cherche à exprimer des rapports très complexes avec son entourage. La disparition des objets permet d'exprimer ceux que toute notion de spectacle doit nécessairement figer. Le peintre peut manifester l'action dans l'espace, non telle qu'elle se voit mais

[21] N. Gabo, *Constructions...*, p. 153.
[22] G. Charbonnier, *Le Monologue du peintre*, p. 23.

telle qu'elle se ressent, l'ambiguïté des formes permet de restituer des sensations, comme la perte de la pesanteur dans la nage, des mouvements, comme ceux d'une rencontre, ou l'angoisse d'un déséquilibre profond ou simplement de la solitude. Les peintres abstraits ont montré qu'il était possible, avec des formes colorées, de donner à voir un monde intérieur d'une très grande richesse: « *une verticale associée à une horizontale produit un son presque dramatique* », écrit Kandinsky, « *Le contact de l'angle aigu d'un triangle avec un cercle n'a pas d'effet moindre que celui du doigt de Dieu avec le doigt d'Adam chez Michel-Ange* [23] ».

Chez certains, les éléments de la perception sont encore perceptibles pour le spectateur; Manessier, par exemple, nous montre une sorte de synthèse de spectacles. Le feu ou l'arbre, pour lui, gardent leurs couleurs originelles et on est encore très près d'une simple mutation, d'un effort de synthèse à la manière de Brancusi. Mais la plupart s'éloignent davantage du visible et le contact avec le monde extérieur est transposé dans des formes et des couleurs qui n'ont pas leur pareil parmi les objets qui nous entourent. La perception visuelle, à ce niveau, n'est qu'une expérience parmi d'autres. Loin de nous faire comprendre objectivement ce que peut être l'espace, les artistes comme Kandinsky, Magnelli ou Tobey voudraient nous révéler ce que signifie concrètement habiter l'espace et partager avec nous leurs découvertes dans ce qu'elles ont de plus intime et souvent d'incommunicable. Pour Kandinsky, la matière de la création artistique ce sont les actes et les pensées du peintre. C'est pourquoi il dira

[23] W. Kandinsky, *Réflexions sur l'art abstrait,* dans *Cahiers d'Art,* 7-8, 1931, p. 352.

qu'« *il doit travailler sur lui-même, s'approfondir, cultiver son âme, l'enrichir, afin que son talent ait quelque chose à recouvrir et ne soit pas comme le gant perdu d'une main inconnue, la vaine et vide apparence d'une main* [24] ». La démarche essentielle sera de rendre visible ce qui n'est jamais apparent dans les objets tels qu'ils se donnent à notre regard. Il faudra donc se tourner vers les racines de la peinture pour retrouver le sens d'un tracé et l'opposition ou du mélange des couleurs. Très souvent, les peintres de ce groupe chercheront leurs références dans la musique. Plusieurs même, notamment P. Klee, essayeront de restituer dans des peintures l'équivalence colorée des valeurs sonores mais, là encore, une étude raffinée des tons et des rythmes dans l'espace reste fondamentale.

Avec une plus grande simplicité de moyens et un langage souvent moins riche, l'art gestuel vise des buts analogues. La facture est ici considérée comme essentielle, puisque c'est le peintre au travail qui se donne à voir et qui nous invite à voir naître les formes sous ses doigts; la peinture est donc essentiellement la trace de la création. Il peut arriver qu'alors, vivre se réduise à faire un tableau, et on peut songer aux romanciers dont l'œuvre se limite à nous faire participer à la naissance d'un roman, jeu d'un miroir qui peut finalement n'être tendu à personne. *La vaine et vide apparence d'une main* dont parle Kandinsky pourrait bien s'appliquer ici, encore que son texte vise essentiellement le caractère trop cérébral de l'art de Mondrian. Mais le danger, qui est évident dès qu'une certaine virtuosité est nécessaire, n'est pas propre à l'art abstrait.

[24] W. Kandinsky, *Du Spirituel dans l'art*, traduction d'après l'édition allemande de 1912, Paris, Editions de Beaune, 1954, p. 98.

La rapidité d'exécution et la fougue de la facture permettent seules d'exprimer la passion, la violence et une certaine tension qui est loin d'être pure complaisance à soi mais qui est une manière humaine, parmi d'autres, d'habiter l'espace.

L'ESPACE PICTURAL

La construction de l'espace exprime à la fois des options fondamentales, collectives, et l'attitude du peintre face au monde sensible.

Lorsque la peinture est figurative, le sens donné aux objets est lié à leur intégration spatiale. La place donnée aux choses, leurs proportions par rapport au champ, la manière d'indiquer les mouvements suppose une conception globale des données de la perception qui se projette dans les structures du tableau ou de la fresque.

L'espace, ainsi composé, manifeste la cohérence de tous les rapports des objets entre eux et leur signification globale. Si nous isolons un fragment du tableau nous changeons complètement la signification. C'est ainsi qu'un paysage extrait d'un tableau de primitif pourrait nous faire croire que son auteur s'est intéressé particulièrement au motif que nous avons sous les yeux et que son attitude est comparable à celle de

Corot, alors qu'il n'en est rien. Une analyse des œuvres de Van Eyck et de R. de le Pasture nous montrera bientôt que c'est la situation des objets qui est significative et que seules les données générales de l'œuvre peuvent nous renseigner sur ses diverses parties.

Lorsque la troisième dimension intervient, les rapports entre les élémeîts de la représentation ne sont pas nécessairement topographiques, bien que la notion de distance apparaisse presque toujours. C'est que l'éloignement a une valeur symbolique et affective: l'objet lointain semble échapper à notre prise. Il est donc possible de rendre manifeste aussi bien la présence que l'absence des objets qui, bien que visibles, peuvent être mis hors de notre portée; c'est ce qui fait que l'éloignement a un sens temporel aussi bien que spatial. Cela se voit très bien dans une œuvre comme le *Paradis terrestre* de la *Charrette de foin* de J. Bosch: dans un paysage, apparemment sans solution de continuité, des épisodes de la Genèse se succèdent dans le temps. On voit, dans le ciel, s'opérer la mutation des anges en démons, cependant qu'à distance des spectateurs, tout en haut du panneau, est représentée la naissance d'Eve, un peu plus près, c'est-à-dire plus bas, la tentation; enfin Adam et Eve chassés du paradis se trouvent à l'avant-plan. On peut admettre que ce qui se passe près de nous est au présent et ce qui est donné comme à distance, au passé.

Une telle interprétation vaut encore pour les époques où le réalisme apparaît; les artistes prétendent bien nous montrer ce que nous pourrions voir, la notion de lointain n'en reste pas moins liée à l'inaccessible, si bien que les plans rapprochés nous paraissent non seulement proches mais présents, offerts à nos yeux et à notre main, éventuellement comme une réalité essentielle échappant à toute contingence.

Dans un espace particulièrement complexe, les primitifs flamands ont tiré largement parti de cette ambiguïté de la présence et de l'absence lorsque apparaît la troisième dimension. Habituellement ils divisent leurs panneaux en trois zones horizontales, différenciées par des gammes colorées de plus en plus claires vers le haut. La scène principale est toujours à l'avant-plan, peinte en tons saturés; les dimensions des personnages sont telles qu'ils occupent la majeure partie du champ. En revanche les figures et les éléments de paysage de la partie supérieure sont extrêmement petits, tout en restant parfaitement lisibles. Cette disproportion entre les plans les met à une distance quasi infinie l'un de l'autre. On nous donne à voir deux mondes distincts dont la présentation simultanée a évidemment une signification.

Le sujet principal peut passer pour un spectacle mais, dans toutes les œuvres conservées, ce spectacle invite à la méditation. C'est aussi vrai pour les vies de saints que pour les épisodes tirés de l'Evangile. A plus forte raison des thèmes comme *Saint Luc peignant la vierge* ou la *Vierge au donateur* sont-ils destinés à rendre manifestes certaines valeurs religieuses plutôt qu'à raconter une histoire. Le paysage s'intègre à la signification générale, on ne peut le considérer comme un simple décor, moins encore comme une indication réaliste. Situé dans le lointain, il représente un univers différent, de moindre valeur, ou mieux d'une réalité inférieure à ce qui est montré dans la scène principale.

Une telle interprétation s'applique parfaitement aux sites qui se déploient derrière *la Vierge d'Autun* de

J. Van Eyck ou à l'arrière-plan des diverses versions du *Saint Luc peignant la vierge* de R. de le Pasture (fig. 6 et 7).

Dans le tableau de Van Eyck, le donateur est agenouillé, profil à gauche, devant une madone, portant l'enfant et couronnée par un ange, qui est assise à la droite du tableau. Les personnages sont situés dans une sorte de loggia ouverte par une baie à colonnes sur un jardin fleuri. Un escalier de quelques marches mène de là au rempart où deux hommes de dos regardent le fleuve qui divise en deux un vaste paysage: On voit une ville aux tours nombreuses, plus loin, des collines et des montagnes se profilent à l'horizon. Le paysage urbain est très détaillé, mais à échelle réduite. Déjà le jardin, de plain-pied avec le lieu où se tiennent les personnages, en est cependant très éloigné si l'on en juge par les dimensions des fleurs et des oiseaux. Ainsi la chambre où le donateur est agenouillé devant la vierge est sans commune mesure avec ce qui l'environne. Tout le reste est lointain et le reste c'est la cité du peintre, c'est le fleuve où circulent les navires, c'est la campagne voisine et, à perte de vue, c'est finalement le monde.

Les deux hommes qui tournent le dos à la scène principale font partie de cet ailleurs, cependant ce ne sont pas de simples détails pittoresques, car ils occupent le milieu du tableau, entre la figure de Jésus et celle du donateur. Peut-être représentent-ils les hommes occupés de leur vie quotidienne qui négligent la méditation à quoi nous invite la scène principale. D'autres éléments aparaissent qui rendent la signification plus explicite. Les tours de la ville et le chœur de la cathédrale se dessinent dans la baie entre l'enfant Jésus et sa mère; une autre église est comme soutenue par les mains jointes du donateur; enfin le geste bénissant de l'enfant peut s'adresser aussi bien à l'homme agenouillé en face de lui qu'au fleuve, voire aux deux hommes indifférents. Ainsi ce monde profane, sans commune mesure avec l'univers mystique, est cependant repris en charge par lui. Toute une dialectique complexe se fonde sur les rapports de distance grâce à une composition complexe où les structures de la troisième dimension ne prennent sens qu'en accord avec une construction à deux dimensions qui vient modifier la simple appréhension des données de la perspective. Surface et effet de profondeur se conjuguent pour rendre évidentes des données étrangères à la perception.

D'autres peintres de la même école se serviront du système des espaces multiples pour introduire des épisodes secondaires du récit biblique ou de la chronique qui leur sert de thème. On verra, par exemple, apparaître la tour de Sainte Barbe dans le fond d'un paysage alors que la sainte est représentée à l'avant-plan, tranquillement occupée à lire. L'apparition de l'ange aux bergers est traditionnellement indiquée dans le fond des scènes de Nativité. Cet arrière-plan n'est donc pas le cadre de la scène principale, il l'explicite. Grâce à la manière dont l'espace est conçu, des objets tout à fait contingents sont intégrés à un univers de symboles. En revanche une lecture topographique du tableau leur enlèverait toute signification.

C'est dire que la troisième dimension n'implique pas, par elle-même, la manière dont le peintre envisage les données de la perception visuelle. C'est tout aussi évident pour Raphaël qui construit un espace géométrique parfait et y introduit des figures aux gestes harmonieux dont les proportions établies suivant des canons doivent peu de chose à l'observation directe du modèle. Il n'y a cette fois qu'un seul espace établi par un réseau de lignes tel que architectures et personnages semblent s'inscrire d'eux-mêmes dans une géométrie idéale. Les données de l'observation ne sont utilisées que pour soutenir une harmonie formelle tout aussi éloignée de l'expérience perceptive que les espaces multiples des peintres du nord. Une fois encore, l'organisation en surface donne le sens des effets d'éloignement et de profondeur. A considérer, dans l'*Ecole d'Athènes* par exemple, les figures seules, ou quelques-uns des groupes, on songe seulement à l'idéalisation des corps et à la beauté des mouvements. L'ampleur architecturale et la représentation des statues pourraient avoir un but purement décoratif. Il n'en va plus ainsi lorsqu'on envisage la structure globale de la fresque. On s'aperçoit alors que les figures sculptées sont le contrepoint parfait des êtres vivants et que l'unité de l'espace révèle la notion d'un univers, d'un équilibre idéal, donné à voir, donc possible, où tout serait conforme à la raison.

Il va de soi que les données sur lesquelles reposent l'univers rationnel de Raphaël ou la dialectique complexe de Jean Van Eyck sont fondées sur des croyances qu'ils partagent avec leurs contemporains. Cependant à l'intérieur de chacun de ces systèmes, et de tous ceux qui furent élaborés au cours des âges, il y a pour chaque peintre, pour peu qu'ils prennent conscience de ce que signifient les formes dont il use, une possibilité d'expression personnelle.

Puisque la manière dont le peintre organise son

espace est à la fois symbolique et formelle, il devra découvrir dans tous les éléments un équilibre satisfaisant qui exprime son rapport personnel avec les choses. C'est ce que l'artiste traduit en disant que l'œuvre tient ou ne tient pas. Paul Klee exprime cela très bien en mettant le peintre en face du profane: « *Tandis que l'artiste se concentre encore pour grouper les éléments plastiques d'une manière aussi pure et logique que possible et rendre chacun indispensable à sa place sans nuire à un autre élément, quelque profane prononce déjà par-dessus son épaule les paroles fatales: « mais l'oncle n'est pas du tout ressemblant ». Le peintre, s'il est maître de ses nerfs, pense: « Oncle par-ci, oncle par-là, je dois continuer à édifier... Cette nouvelle pierre, se dit-il, est décidément un peu lourde et me tire la chose trop à gauche. Il fait placer à droite un sérieux contrepoids pour rétablir l'équilibre* [25]. »

Mais l'équilibre dont il est question n'est jamais purement formel parce que le choix du *contrepoids* est différent pour chacun et que, pour des raisons irrationnelles, tel artiste maintiendra dans son œuvre des tensions visibles et tel autre fera tant qu'une harmonie parfaite régnera dans sa fresque ou son tableau. Cette recherche d'un équilibre personnel n'empêche nullement l'adhésion aux options essentielles d'une école. Il y a, si l'on veut, un système dramatique propre à chacun, qui s'intègre à la construction habituelle de l'espace. C'est ainsi qu'on peut à la fois comparer et opposer les conceptions de l'espace de R. de le Pasture et de Jean Van Eyck par exemple.

Dans le *Saint Luc peignant la vierge* le maître tour-

[25] P. Klee, *De l'Art moderne*, p. 29.

naisien s'est directement inspiré de *la Vierge d'Autun,* mais les diférences éclatent à première vue. Le *Saint-Luc* est moins somptueux, plus simple, mais aussi moins équilibré que le tableau du Louvre. On retrouve cependant la composition dans ses grandes lignes, les deux personnages dans la loggia, les indifférents penchés sur le fleuve et surtout la démesure entre les personnages et les éléments du fond (fig. 7).

La solidité de la composition de Van Eyck lui vient notamment du fait que le peintre établit ses figures sur deux fortes horizontales constituées par les lignes continues du dallage de céramique. Ces lignes existent aussi chez R. de le Pasture, mais les carreaux plus petits sont interrompus par des losanges dans la bande inférieure et, plus haut, par de grands octogones.

Chez Van Eyck, les figures principales sont adossées à des pans de mur, ce qui préserve leur caractère massif. Elles sont aussi indépendantes l'une de l'autre, elles sont en effet séparées par un espace nettement défini, une bande continue de carreaux de céramique passe entre la robe de la vierge et le prie-Dieu du donateur, elle se poursuit dans le sentier du jardin, aboutit aux deux petits personnages et ensuite au fleuve. On pourrait croire que l'homme agenouillé est figuré sur l'une des berges et la madone sur l'autre. Et cela a un sens, car il y a bien là deux mondes qui s'opposent, celui des hommes, le faubourg et le donateur, celui du ciel, la vierge et les églises. Mais Van Eyck a ménagé entre eux quantité de ponts: La courbe indiquée par les bras de l'homme agenouillé, le prie-Dieu et les genoux de la vierge forment un demi-cercle qui se ferme en haut par une série d'autres lignes unissant les deux rives: la main de l'enfant se continue par le pont, une courbe part de son épaule, suit la berge, la ligne de collines sur la rive gauche pour aboutir au menton du donateur. Ainsi, des courbes discontinues tracent-elles au centre de la composition une ellipse traversée par l'horizontale du chemin de ronde qui unit les genoux de l'enfant au livre ouvert devant son adorateur. Les lignes de la composition désignent les objets en mettant en valeur leur sens symbolique; le rédempteur est bien celui qui doit unir le monde céleste à celui des hommes. On peut cependant se demander ce qui est exprimé avec le plus de force: La séparation des deux mondes ou leur unité; la puissante immobilité, la monumentalité qui stabilisent un univers de qualités contingentes et lui donnent valeur éternelle ou la manifestation de Dieu parmi les hommes.

La disposition des différents lieux a le même sens pour R. de le Pasture et, lui aussi, a placé ses deux figures, l'une terrestre, l'autre céleste, sur chacune des rives d'un fleuve. La différence ne vient pas de l'inversion des figures (La vierge est à gauche), mais des tensions qui se manifestent ici. Comme chez Van Eyck, la composition est basée sur une courbe soutenue par des droites, mais celles-ci sont verticales et les personnages associés aux rives du fleuve dessinent un cercle fermé dont la forme se répète, au centre, dans l'ellipse que trace le couple accoudé au rempart. Le paysage prolonge les courbes d'une manière neuve, l'horizon est en effet plus haut que les visages.

En ce qui concerne les personnages, les contrastes sont évidents, on remarque d'abord l'instabilité de la figure de l'homme qui repose en porte-à-faux sur une base très étroite. De plus, si le dos de ce personnage s'inscrit dans la grande ellipse, ni sa tête, ni le pan de son manteau ne s'y insèrent. La figure est tendue vers l'avant, instable et mobile, elle est comme aimantée par la madone. Celle-ci a la forme d'un croissant de lune ou d'une conque en quoi le corps de Jésus est contenu. Le visage de la vierge, l'enfant, le sein nu et les linges forment au centre de la figure, sombre par ailleurs, une zone lumineuse qui dessine également un croissant. Merveille cachée et soudain dévoilée, la présentation de l'enfant a un sens tout différent de la notion du Jésus trônant sur les genoux de sa mère exploitée par Jean Van Eyck. Enfin les figures se détachent sur le lointain, elles conservent donc une certaine ambiguïté.

La signification du paysage est également tout autre; il ne s'y trouve en effet point de pont, et il est tout entier consacré au monde profane. On n'y voit aucune grande église, un château apparaît derrière le saint, une rue animée derrière la vierge. Le fleuve est tout uni mais la berge, près de saint Luc, est hérissée de rochers. Dans son dépouillement, le motif exprime plus d'inquiétude que la superbe cité de la Vierge du Louvre. La rivière est, ici, vraiment appel au départ et le quotidien n'est ni embelli, ni transposé. Les richesses terrestres ne deviennent pas symbole de gloire céleste et le ciel ne visite la terre qu'à l'avant-plan du tableau. Tout se joue dans la courbe irrégulière qui lie le saint à la vierge, enfermant en son centre les indifférents fascinés par le monde.

On voit que les différences portent moins sur la manière de peindre les choses que sur le sens qu'on leur attribue à l'intérieur d'un schéma spatial analogue. Ce qui est en question dans les deux peintures, c'est l'insertion du sacré dans la vie humaine et c'est là-dessus que les deux artistes ne sont pas tout à fait d'accord. Pour J. Van Eyck, tout s'ordonne autour de la certitude d'un salut qui va de soi; R. de le Pasture, en revanche, vit le dogme de l'incarnation avec « crainte et tremblement ». La grâce apparaît comme une merveille presque incroyable, comme en fait foi la distribution des lumières sur la madone et son fils, mais elle est reçue dans l'inquiétude comme le montre le personnage instable de saint Luc et l'irrégularité qu'il confère à la composition. Enfin la manière dont sont disposés les indifférents, centre de tout, mais sans lien visible avec l'apparition, implique bien plus que dans la disposition adoptée par Van Eyck, la responsabilité de l'homme en prière assumant le salut d'autrui.

Les divergences s'étendent aussi à l'idée que l'un et l'autre se font de la nature des choses. Dans la Vierge d'Autun, tout objet est stable et sa valeur peut être vérifiée par l'œil, voire par les doigts, elle est en quelque sorte mesurable; il n'en va pas de même dans le Saint-Luc, la Vierge n'y a pas besoin d'habit de velours ni de couronne. La réalité des choses, leur vraie valeur semblent pour R. de le Pasture sans rapport avec leur qualité physique ni surtout avec leur prix. Cela n'empêche pas le peintre d'être tributaire des croyances de son temps: ainsi conserve-t-il à chaque objet, à chaque matière son caractère propre, et il ne négligera pas les détails; simplement, il manifeste dans ses choix un ascétisme significatif qui indique assez ce qu'il en pense.

Il va de soi que l'opposition entre les deux peintres ne peut s'expliquer par des tendances caractérielles ou par leur histoire; ils expriment, l'un et l'autre, une manière de se situer par rapport à ce qui est affirmé comme évident par tous ceux qui les entourent. C'est bien la totalité du visible qu'ils désignent et non eux-mêmes. C'est ce qu'ils croient la réalité qu'ils expriment et non ce qui affectivement les attire ou les repousse.

On pourrait, de la même manière, comparer les structures de plusieurs peintres impressionnistes ou d'artistes de la Renaissance, ou les œuvres cubistes de Braque et de Picasso. Chaque fois, on retrouverait une similitude fondamentale qui n'est rien d'autre que l'adhésion aux croyances et au style de l'époque. Mais on verrait aussi apparaître, à travers les grandes constructions de l'espace, ces mêmes différences qui indiquent la manière personnelle donc chacun vit son temps.

LES FIGURES ET LE FOND

L'espace pictural a peu de rapport avec l'expérience perceptive, on le constate déjà lorsqu'on considère l'importance de la structure de la surface, même et surtout lorsqu'apparaît la troisième dimension; on le voit aussi dans le caractère significatif, souvent symbolique, de la place occupée par chacun des motifs. Il est donc naturel que les peintres ne traitent pas les rapports de la figure et du fond suivant les données de la perception. Si nous reprenons l'exemple de J. Van Eyck, nous constaterons que l'isolement relatif des éléments d'avant-plan et leur caractère massif leur confèrent les qualités habituelles de la figure par rapport au fond, si on admet que celui-ci est le paysage. Il faut remarquer toutefois qu'on ne peut y voir un environ-

nement sans forme, ni quelque chose d'inconsistant [26];
en effet, tous les détails sont donnés avec une précision
extrême et c'est justement pour éviter un vide, c'est-à-
dire un fond inconsistant, que les peintres de cette
école ont toujours placé très haut la ligne d'horizon.
On peut donc admettre qu'ils considèrent le tableau
comme une unité significative. Cette tendance se manifestera mieux encore lorsqu'au début du XVIe siècle
le paysagiste J. Patenier composera des tableaux dans
lesquels les éléments iconographiques seront négligés
au profit du site. On aura alors une composition très
complexe où tout sera à la même échelle et également
précis, seul un petit fragment de ciel établira une sorte
de fond par rapport à l'ensemble.

Cet espace ambigu, où la mise en valeur de certains
motifs par rapport à d'autres, jugés secondaires, est
fonction d'un équilibre complexe de couleurs et de
lignes, n'est pas général. Certaines écoles ont adopté
les fonds unis. Il arrive également, lorsque les scènes
de genre et les paysages sont composés de manière
complexe, que les portraits ne suivent pas les règles
générales. C'est ainsi que le paysage s'introduira tar-
divement dans ce genre de peinture et ne sera jamais
adopté par tous les portraitistes. Parfois, d'autres sujets
sont également traités sur fonds unis; c'est ainsi que
R. de le Pasture utilise encore le fond d'or pour la
Pietà du Prado. A cet égard, les variantes ne sont pas
toujours affaire d'école. Monet a cherché à unifier
complètement la surface de ses tableaux comme en
témoignent surtout les peintures de la fin de sa vie, les
Nymphéas et les *Cathédrale de Rouen*. En revanche,

---

[26] W. Kohler, *Psychologie de la forme,* traduction S. Bricianer,
Paris, Gallimard, 1964, Chapitre VI.

plusieurs impressionnistes, surtout peintres de figures, comme Degas et Manet, se sont toujours efforcés de dégager nettement dans un ensemble complexe des éléments privilégiés, personnages ou objets.

L'évolution de Kandinsky montre mieux encore que, sous ce rapport, l'interprétation de l'espace peut être tout à fait personnelle. Ses premières œuvres abstraites, antérieures à la guerre de 1914, témoignent de son désir de construire une surface dont tous les éléments se complètent sans qu'il y ait de solution de continuité. Des recherches du même genre étaient d'ailleurs poursuivies à travers toute l'Europe par les cubistes, par Kupka, par Mondrian. Par la suite, ses recherches vont dans une autre direction; les formes se précisent, le graphisme s'affirme et l'on voit très nettement des formes multiples se détacher sur un fond coloré qui est très exactement un *environnement sans forme*. On peut parler pour Picasso d'une évolution analogue; en revanche, Braque restera fidèle, presque jusqu'à sa mort, à l'unification absolue du tableau. Les deux tendances suivies par Kandinsky se manifesteront à peu près à part égale dans l'art abstrait. Cependant, si on remonte plus haut et si on considère l'histoire de l'art occidental dans son ensemble, on voit qu'un grand nombre de peintres ont choisi le compromis des primitifs flamands ou une opposition très nette entre les figures et le fond. Une option dans l'un ou l'autre sens implique des rapports significatifs avec les objets représentés et avec l'espace vécu.

Le fond neutre est d'usage exclusif à certaines époques. Il est admis en Occident pendant la majeure partie du Moyen Age, on le retrouve dans l'art byzantin et dans les civilisations méditerranéennes antérieures au premier millénaire. Un tel système suppose qu'on n'attribue aucune valeur à l'espace ambiant, ni généralement, à la situation topographique. Rien n'est pris en considération que l'objet lui-même quel que soit le sens qu'on attribue à celui-ci. L'idée sous-jacente que l'espace n'est rien ou tout au plus un contenant neutre semble d'ailleurs conforme à ce qui ressort de certaines expériences; c'est ce qui résulte notamment d'une enquête de A. Gesell. La plupart des adolescents interrogés sur ce qu'ils entendaient par le mot espace ont dit que c'était le néant, l'infini. L'idée de contenant apparaît, semble-t-il, lorsque les sujets ont atteint seize ans, mais les réponses ne témoignent pas d'une valeur quelconque attribuée à ce contenant [27].

Ce vide donne aisément aux choses une valeur absolue. C'est ce qu'on constate dans la peinture égyptienne: objets et actions y sont représentés en vue de l'offrande. Toute confusion d'un motif à un autre rendrait les rites inefficaces, il faut donc que chaque élément soit parfaitement distinct, mais il a aussi toute sa signification en lui-même: Un bouvier peint ne renvoit pas à l'homme réel mais à certaines tâches accomplies éternellement pour le service du mort; dès lors il va de soi que les circonstances de lieu n'ont aucune signification, ni rien qui soit contingent. Il en va de même, à plus forte raison, pour tout ce qui est présenté sur les tables d'offrandes. Les choses étant à la fois éternelles et absolues, les distances relatives entre elles n'ont évidemment aucun sens.

Cette manière rituelle de considérer les objets peut se rapprocher d'une certaine manière du sens symbo-

---

[27] A. Gesell, *L'Adolescent de dix à seize ans*, avec la coll. de F. L. Ilg et L. Batesames, trad. I. Lezine, Paris, P.U.F., 1959, p. 533.

lique qu'on leur attribue au Moyen Age puisque, dans l'un et l'autre cas, le caractère contingent de leur apparition est négligé; c'est ce qui explique que le représenté soit sans rapport avec l'expérience vécue et puisse dès lors se projeter sur le vide.

La situation n'est pas différente pour l'art abstrait. Quelle que soit son origine, une forme tenue pour absolue, et par conséquent autonome, a toute raison d'être peinte sur un fond neutre.

C'est dans le même esprit que cette formule est fréquemment choisie par les peintres *pop*, comme elle l'avait été par les membres du groupe Dada et par les surréalistes. Le caractère agressif des objets représentés est d'autant plus apparent que ceux-ci sont isolés. C'est ainsi que la représentation précise d'une boîte de conserve ou le dessin simplifié de jambes de femme perdraient toute valeur expressive s'ils s'inscrivaient dans un ensemble parfaitement cohérent. Là ils ne seraient plus que les parties harmoniques d'un tout; or c'est justement leur caractère d'objets inassimilables qui doit apparaître.

En revanche le problème du portrait ne se pose pas dans les mêmes termes. Nous avons vu en effet que, dans les milieux où l'on s'efforce de créer des œuvres très complexes, les portraits sont souvent peints sur un fond uni. C'est que, comme nous l'avons vu, la relation du peintre et du modèle n'est pas de même nature lorsqu'il s'agit d'exprimer l'apparition de quelqu'un ou simplement de montrer un objet. C'est donc la présence d'autrui qui supprimerait, dans ce cas, les considérations de lieu. Découvrir un sujet, et non un objet, abolirait les rapports habituels avec l'espace.

Bien entendu l'expérience opposée a été faite. Jean Van Eyck a situé ses amis *les Arnolphini* dans une chambre. Le portrait ainsi conçu tient un peu de la scène de genre; liée à des choses, la contingence des êtres qu'on nous montre s'affirme davantage, et tout l'art sera de les distinguer du monde de choses qui les entourent et cependant de rendre manifestes les rapports qui les unissent à eux. Ce thème se répète chez tous les peintres qui, de Velasquez à Degas, cherchent un accord entre le personnage et les objets qui constituent son milieu propre et on retrouve alors l'unité complexe des compositions très élaborées où figures et fond forment une unité organique, où les éléments principaux demeurent lisibles.

Les œuvres récentes de Bacon et de Giacometti posent d'une manière plus subtile le problème de l'apparition d'une personne dans l'espace, c'est-à-dire d'un être qui est évidemment spatial mais dont la présence apporte une perturbation profonde à l'environnement. L'espace sera donc entièrement occupé par des lignes et des couleurs qui ne constituent pas un fond parce qu'il s'agit d'une organisation dans laquelle la figure s'intègre partiellement, parce qu'elle n'a pas elle-même de limite précise. Cependant expressif, personnel, le personnage prend une densité qui le différencie absolument de son entourage.

D'une manière plus générale, l'usage de figures opposées à un fond complexe auquel elles s'intègrent d'une certaine façon est, comme nous l'avons dit, très fréquent. On le trouve aussi bien chez des peintres abstraits, que dans les formes symboliques des manuscrits irlandais, mais il est surtout habituel chez les peintres qui attachent une certaine valeur aux données perceptives. La mise en valeur d'éléments priviligiés pose dans tous les cas des problèmes difficiles à résoudre. La dimension de certaines figures comme chez les peintres des anciens Pays-Bas, l'usage d'un cerne qui les isole comme on le voit chez Van Gogh ou Gauguin, mais aussi en Irlande, enfin un certain flou dans les lointains comme chez Watteau et chez certains impressionnistes met en valeur des objets privilégiés. Quel que soit le procédé employé, le tableau trouve sa signification dans une dialectique entre les éléments mis en évidence et ceux qui appartiennent au fond et, cela, aussi bien pour les peintures à deux qu'à trois dimensions.

Un certain nombre de peintres ont tenté aussi, nous l'avons vu, d'obtenir une unité telle qu'aucune forme n'apparaisse plus importante que les autres. L'œuvre devient alors une structure dont la cohérence interne est parfaite. C'est là le but avoué des cubistes et des peintres groupés autour de Mondrian et de la revue *De Stijl,* mais un grand nombre d'abstraits ont suivi cette voie, de même que certains miniaturistes celtiques et des peintres semi-figuratifs comme P. Klee, mais cette démarche est aussi celle de Rubens et de Cézanne comme de C. Monet. Elle a donc séduit des peintres d'écoles très différentes.

Le premier parti, le fond neutre, supprime les difficiles problèmes de la composition, l'intégration des objets à un espace construit. Il paraît très spontané puisqu'il est utilisé par des non-professionnels. C'est ainsi que se présentent souvent les dessins d'enfants, les croquis occasionnels et encore le dessin scientifique. Il semble aussi qu'on trouve là la conception préhistorique de la peinture: Les peintres de Lascaux et d'Altamira nous montrent des choses qu'ils construisent à merveille mais qu'ils n'intègrent à aucun milieu. Il faut cependant souligner que, par la suite, même lorsque le fond est absolument neutre, les peintres ont recherché un équilibre entre ce *vide* et les figures. L'usage, en Egypte, d'inscriptions disposées en colonnes pour équilibrer un ensemble est caractéristique de ce souci d'harmonie entre la forme du champ et celle des objets qui y sont tracés. Contrairement à ce qui se passe lorsqu'un amateur griffonne un croquis, le rapport entre le fond et les figures est très soigneusement mis au point. On retrouve ce même souci dans les fresques romanes et byzantines et chez tous les portraitistes qui ont présenté leur modèle sur un fond uni. On voit que la solution spontanée qui consiste à esquisser une forme sans se soucier de ses rapports avec l'environnement subit, de la part du peintre, une modification fondamentale. L'espace est tenu pour rien, mais l'unité du tableau ou du mur peint exige que ce vide ait une forme définie qui mette en valeur les rapports des figures ou des masses colorées entre elles.

Le deuxième parti, le rapport complexe entre figures et fond, n'est pas primitif, il ne peut en effet être dominé sans une certaine expérience plastique. Il semble que la manière de s'exprimer la plus proche des données de la perfection, le flou dans les arrière-plans, soit la moins spontanée de toutes. Ce procédé assez rare, qui est celui de Watteau et de Gainsborough, semble lié, comme le réalisme lui-même, avec un état social très évolué et un milieu urbain. Il est caractéristique que les peintres américains du XIX° siècle qui vivaient le plus souvent dans des bourgs ou des villages n'en aient pas fait usage. Le fond de leur tableau est

généralement le lieu d'une multitude de motifs pittoresques dessinés avec précision.

Enfin, le dernier parti, l'absence de formes privi-
légiées dans un espace totalement cohérent, a tenté
un certain nombre d'artistes dans des milieux très
divers, mais c'est aussi de cette manière que sont
composées le plus souvent les peintures des schizophrènes [28], des médiums [29] et d'artistes travaillant sous
l'empire de la drogue [30]. C'est pourquoi on a pu, avec
quelque raison, traiter de pathologiques certaines formes d'art contemporain, particulièrement celles des
cubistes et des abstraits. Il va de soi que toutes ces
formes mettent en cause l'autonomie des objets, mais
on aurait tort de croire pour autant que les peintres,
qui ont cherché ainsi à unifier totalement leur tableau,
refusent toute réalité au monde extérieur.

La plupart des artistes qui ont, à un moment ou
l'autre de leur carrière, choisi cette voie, visent comme
les autres l'espace lui-même, ce sont ses structures
qu'ils veulent rendre visibles. C'est ainsi que peuvent
s'interpréter les damiers de P. Klee comme les constructions de Mondrian. L'un et l'autre veulent, par ces
surfaces où apparaissent des tensions, des équilibres,
exprimer ce qu'est le monde extérieur. Kandinsky
n'agit pas autrement, quoique d'une manière moins
rationnelle, lorsqu'il s'évertue à montrer des forces
contradictoires. Comme il part d'une tache de couleur,
on pourrait peut-être rapprocher de telles œuvres, dont

[28] R. Volmat, *L'Art psychopathologique*, Paris, P.U.F., 1955.

[29] *Fascicules* de la Compagnie de l'Art brut et *Catalogue* de
l'Exposition de l'Art Brut au Musée des Arts Décoratifs de Paris,
Avril-juin 1967.

[30] R.E.L. Master et J. Houston, *L'Art psychédélique*, traduction
M.A. Pini, Paris, Laffont, 1968.

la construction n'est pas faite a priori, de certaines compositions de drogués. Mais toutes les recherches du peintre russe vont dans le même sens: après s'être en quelque sorte noyé dans des mouvements impulsifs, il rééquilibre l'ensemble au moyen de motifs soigneusement élaborés. Il faut ajouter que l'asymétrie et l'irrégularité des toiles de Kandinsky les opposent très fortement à toutes les réalisations publiées des peintres psychédéliques et, à plus forte raison, des schizophrènes.

Chez ces derniers, on est frappé par une composition où des motifs de même type se répètent dans tout l'espace, chaque courbe entraînant automatiquement l'apparition de la courbe suivante. Cette répétition n'apparaît jamais chez les peintres qui cherchent la continuité de l'espace, particulièrement les compositions en damier de P. Klee contrastent avec cet automatisme, un jeu savant de couleur, une irrégularité voulue des cubes qui forment tout le motif, donnent à l'ensemble un dynamisme caractéristique qui répond à merveille aux titres que le peintre a donnés à ces œuvres: l'une s'appelle *Gradation statique et dynamique,* une autre *Jardin en fleurs,* une autre encore *Chemin principal et chemins latéraux.* Celle-ci est une sorte de perspective obtenue par une série de rectangles couvrant toute la surface du tableau. Le mouvement est si bien exprimé que le chemin principal traverse le panneau de haut en bas, projette véritablement le spectateur vers les horizontales de la partie supérieure qui semblent mimer un horizon.

L'absence de tout automatisme est encore plus frappante dans des œuvres très complexes comme celles de Monet ou de Cézanne, voire des cubistes qui se réfèrent explicitement à des données sensorielles multiples.

Les portraits et les natures mortes de la maturité de Cézanne sont à cet égard remarquables. On y découvre en effet comment un peintre, tout en conservant le sens de l'autonomie des objets, cherche à le concilier avec l'unité absolue de son tableau. Les taches de couleur sont soigneusement délimitées de manière que chaque élément conserve son aspect propre sans qu'aucun trait ni aucune ombre ne l'isole du fond. Les motifs de second plan s'inscrivent dans la composition, de manière à équilibrer absolument l'ensemble. L'espace naît des relations entre les formes, sans qu'il y ait de vide entre elles. L'univers ainsi créé est extrêmement complexe, il ne comporte aucune répétition et conserve une certaine pesanteur et, dans les dernières œuvres, un puissant dynamisme interne.

On peut décrire de la même manière les toiles tardives de Rubens qui, à la fin de sa vie, imagina d'organiser des volumes en mouvement qui occupent tout le champ de la toile. On peut en dire autant de Claude Monet qui supprime également, par d'autres procédés, tout ce qu'on pourrait appeler le fond.

Ce qu'on sait des bizarreries de Cézanne pourrait faire penser que la comparaison avec les schizophrènes n'est pas sans fondement. Mais il serait bien difficile de faire la même hypothèse à propos de C. Monet et parfaitement impossible en ce qui concerne Rubens. En revanche, il est intéressant de noter que dans tous les cas qui nous occupent, à l'exception de celui des cubistes, il s'agit d'artistes professionnels relativement âgés. La plupart ne sont arrivés à cette unité organique de l'œuvre qu'après vingt ans de travail. On se trouve donc devant un effort très conscient et qui met en jeu une virtuosité technique acquise au prix d'expériences multiples.

Ce qui sépare toutes ces recherches des formes pathologiques de la peinture et des œuvres exécutées sous l'empire de drogues, c'est la variété des inventions. Cézanne aussi bien que Braque ou Kandinsky résolvent les problèmes posés par l'unification de motifs complexes en introduisant des éléments neufs; de même, la composition n'est jamais basée sur la répétition ou même la symétrie mais sur un équilibre imprévu ou un mouvement dont l'élan entraîne l'ensemble dans une direction définie.

La présence de peintres comme Monet et Cézanne, qui travaillaient d'après modèles, et de Rubens, dont les inventions ne sont pas purement imaginaires, dans ce groupe interdit de penser que l'unification absolue de la peinture suppose le refuge dans un monde exclusivement subjectif ou, à plus forte raison, la mise en doute du caractère extérieur des données spatiales. On peut admettre cependant que ce type de peinture manifeste une manière de concevoir le monde où les frontières entre les choses et le moi sont moins définies qu'ailleurs. En se référant aux textes de P. Klee ou à ceux de Kandinsky, on se rend compte que l'intention de ces peintres est d'exprimer toutes les forces de la vie sans se préoccuper de l'aspect transitoire de tel ou tel objet; le monde, dans ces conditions, ne peut en aucune façon être considéré comme spectacle mais nécessairement comme ce à quoi chacun de nous participe dans la mesure où lui aussi est un vivant. On peut comparer cette attitude à celle des sculpteurs qui sont toujours, dans une certaine mesure, le sujet essentiel de leur œuvre, l'incarnation étant une expérience fondamentale qu'il est possible d'éprouver, non de voir. Mais de même que chez le sculpteur l'indispensable passage par la matière et les techniques confère à l'œuvre son universalité et son objectivité, le nécessaire équilibre de la construction et la multiplicité des formes obligent le peintre à dépasser le niveau purement subjectif. Ce n'est donc pas seulement la vie telle qu'elle est éprouvée par lui que Rubens exprime dans ses peintures, mais telle qu'il la découvre dans tout l'univers, apparentée à la sienne, mais non identique, comme l'indique l'inépuisable richesse des formes.

L'ART OPTIQUE

Une des formes contemporaines des rapports entre fond et figures est représentée par *l'art optique*. Là, on utilise l'ambiguïté des formes pour provoquer chez le spectateur l'illusion d'un mouvement réel. On ne peut considérer ce type d'expérience de la même manière que les recherches de Claude Monet ou de P. Mondrian. Chez ces derniers en effet, il s'agit de nous dévoiler quelque chose de l'univers auquel nous participons, l'autonomie des objets est niée; mais ce qui est en jeu est bien, comme chez les peintres d'autres tendances, le sens du visible. Même lorsque l'abstraction est poussée très loin, chez Mondrian par exemple, la peinture tend à exprimer un regard sur le monde. L'art optique, lui, ne s'intéresse ni au monde, ni au regard que nous posons sur lui; il se réfère essentiellement au processus de la vision, c'est-à-dire, finalement, à l'œil lui-même; il n'implique pas le visible, mais la façon de voir. Ni l'espace, ni le sens que nous pouvons lui donner ne sont mis en cause, il s'agit simplement de découvrir un mécanisme optique. Ainsi peut-on dire que l'univers, et peut-être nous-mêmes, se trouvent réduits à un organe et à son fonctionnement.

Ce genre de problème a intéressé les peintres du passé, soit comme curiosité, soit comme recherche méthodique. Cependant, jusqu'à notre époque, ils n'en avaient pas fait le but de leurs créations, considérant la connaissance des données optiques comme un moyen d'atteindre une réalité objective ou de créer des formes dont la signification serait plus évidente pour le spectateur.

C'est ce qui se produisit lorsqu'on fit des recherches sur la troisième dimension, ou sur les couleurs. L'étude de la perspective a ainsi donné lieu à des effets de trompe-l'œil et à des anamorphoses que le peintre pouvait utiliser soit pour s'exprimer, soit pour prouver sa science ou son habileté. C'est certainement ce genre de raisons qui poussa Holbein à dissimuler une tête de mort, dans les *Ambassadeurs*. Le crâne prend forme aux yeux du spectateur situé latéralement à un endroit prédéterminé. De face, on voit une forme allongée qui ressemble vaguement à un os de seiche. L'ensemble du tableau témoigne surtout du souci de l'artiste de montrer, dans des perspectives savantes, les instruments des sciences et de la musique, qui relevait elle-même des mathématiques dans l'esprit du temps, et de les grouper auprès des personnages. La présence d'une anamorphose qui n'intéresse qu'une très petite partie du panneau peut être une manifestation de la vanité du peintre qui veut montrer que son art comporte des données scientifiques. La tête de mort peut aussi, et en même temps, être l'objet caché, apportant un sens secret, allégorique, à la représentation. La raison triomphante se voit ainsi opposer l'inéluctable mort. De toutes manières Holbein n'utilise l'illusion optique que comme moyen de dévoiler certains aspects des choses telles qu'elles apparaissent.

A plus forte raison faut-il dire que ceux qui usent du trompe-l'œil envisagent moins de nous montrer un processus visuel que de nous engager à croire à la réalité des objets peints. C'est ainsi que Jean Van Eyck l'utilise pour l'Adam de l'*Agneau mystique,* dont le pied semble en relief. A l'inverse de ce qui se passe dans l'art optique, c'est bien ici un élément extérieur qu'on nous donne à voir. C'est cependant de l'anti-peinture. Il n'y a plus aucun ordre visible, donc aucun sens n'est dévoilé. Nous sommes en présence du fac-similé d'un objet, d'une fausse réalité. Ici c'est le regard qui est oublié.

Il arrive toutefois que les recherches optiques soient le tissu même de l'œuvre, sans que l'artiste cherche à faire prendre conscience du mécanisme de la vision. On sait que Seurat recueillit le plus de données scientifiques possibles sur la manière dont les couleurs affectent la rétine et s'influencent mutuellement pour former le *mélange optique.* C'est en fonction de ses connaissances qu'il posa la couleur par petites touches égales, de manière à obtenir une vibration dans l'œil du spectateur. Il se sert d'un processus qu'il connaît mais ce qu'il vise dépasse de loin les phénomènes optiques. Il cherche à donner cohérence à des choses apparues dans la lumière. La composition de la toile, la simplification des formes longtemps observées sont des moyens aussi importants pour lui que le division-nisme pour exprimer ce qu'est le visible. Encore une fois, ce n'est pas la manière de voir qui est en cause mais le sens du perçu, le regard et non l'œil.

On peut se demander si l'art optique, dans sa forme actuelle, se limite à nous faire participer à une expérience dont nous pouvons tirer un certain émerveillement. Dans ce cas, voir se réduit au sujet voyant anonyme. L'œil est seul en cause et il n'y a plus rien à voir. C'est d'ailleurs une manière de définir l'espace en l'annulant.

En fait, il apparaît que le changement de la forme qui se métamorphose devant nous est plus important que la découverte du processus; il faudrait donc relier art optique et mobile pour ne pas réduire indûment la signification d'une telle démarche. Il s'agirait d'un art tout différent de la peinture et de la sculpture, ayant d'autres significations et d'autres normes, exactement comme le cinéma implique des rapports différents de ceux du théâtre et l'un et l'autre ne peuvent être envisagés du même point de vue que la télévision. Nous aurons l'occasion d'y revenir à propos des mobiles en sculpture.

TECHNIQUE ET STRUCTURE SPATIALE

La technique choisie ou inventée par le peintre est en rapport direct avec le sens qu'il donne au visible. Les inventions dans ce domaine sont fonction du but qu'on se propose et postérieures aux recherches formelles. L'introduction d'un nouveau médium ou d'un changement dans la manière de poser la couleur implique une nouvelle manière de concevoir la cohérence spatiale. La découverte de la peinture à l'huile, attribuée à J. Van Eyck, est en corrélation avec l'extrême com-

plexité de l'espace des peintres de l'époque des Ducs
de Bourgogne. Or, on admet que le développement du
paysage et le raffinement des détails apparaissent chez
les miniaturistes du début du siècle qui utilisent la peinture à la colle. La technique appliquée par le peintre
de la Vierge d'Autun répond à toutes les exigences de
cette conception de l'espace, elle permet d'obtenir des
nuances précises dans les tons saturés et de conserver
une grande netteté de contour pour les plus infimes
détails. La matière lisse et brillante, la richesse des
pigments compensent par leurs qualités la disparition
de cette autre splendeur des anciens retables, les fonds
d'or, et expriment la solidité et la valeur des choses.
On peut dire que c'est parce que J. Van Eyck désirait
peindre avec une minutie et une somptuosité extrême
les belles étoffes qui parent ses personnages et les
monuments, comme la cathédrale de Liège, qu'on voit
à côté de la Vierge d'Autun, qu'il a eu besoin de cette
sorte de peinture, et qu'il a découvert les procédés qui
lui étaient indispensables pour exprimer ce qu'il savait
de l'espace.

Il est possible qu'à l'époque baroque on ait utilisé
le même médium, cependant, il va de soi que tout a
changé, particulièrement la forme des pinceaux et la
manière de s'en servir. Ce sont là de nouvelles inventions qui sont directement en rapport avec les formes
et avec l'espace. Les dessins de Rubens sont toujours
très précis mais, dès qu'il peint, quel que soit le format,
il travaille à grands traits. Sa touche très visible exprime l'élan lyrique qui emporte tout, ce qui est la
façon dont Rubens conçoit et construit l'univers. Ici
encore c'est l'espace qui est en cause.

On peut en dire autant des recherches optiques de

Seurat. A voir ses toiles on constate qu'il a essayé d'atteindre cette unité de l'atmosphère que désirait Monet. Il croyait comme lui que la lumière était essentielle, mais de nombreuses études de détail et des dessins au crayon Conté montrent que la masse des objets lui paraissait aussi très importante. L'usage de petites touches régulières va lui permettre d'obtenir la transparence lumineuse et l'unité absolue de l'espace que cherchait le peintre des Nymphéas, tout en conservant les formes générales de chaque objet. Les petites pastilles colorées identiques dans le champ entier donnent à tout une même densité, mais le rapprochement de certains tons permet de constituer des masses simples, distinctes les unes des autres. La technique de Seurat, d'une application fort difficile, permet, seule, une telle expression de l'espace; appliquée dans un autre but, elle perd toute signification. On le voit bien chez les suiveurs, qui ne semblent pas en avoir compris tout le sens, soit qu'ils ne conservent pas l'unité du champ, soit, plus souvent, qu'ils ne se résignent pas à réduire tous les éléments à des masses simples. Ainsi la manière de poser la couleur, le choix du médium ou du pinceau sont-ils étroitement liés à la manière dont le peintre envisage tout ce que doit être le tableau.

Ainsi la conception de l'espace précède l'invention technique. Ce qui pourrait être mis en doute en ce qui concerne les peintres relativement anciens, dont on ne connaît pas les tâtonnements et les expériences successives, devient manifeste chez Seurat ou chez Degas qui a modifié la technique du pastel pour obtenir des transparences sans rompre les contours.

Le rapport d'une invention de ce genre avec les nécessités de l'expression est particulièrement visible dans l'aventure des aquarellistes anglais qui, comme on sait, ont utilisé la couleur à l'eau et introduit un espace fluide, changeant et impalpable dans leurs paysages. Tous ceux qui ont participé à l'élaboration de cette nouvelle peinture avaient utilisé l'aquarelle suivant la tradition, pour colorer des dessins à la plume ou des gravures. L'invention a consisté à utiliser l'aquarelle en tirant parti de sa transparence et de l'ambiguïté qu'elle peut donner aux formes lorsqu'elle est utilisée seule. Il semble qu'on puisse l'attribuer à Girtin ou à Turner; or ce dernier, plusieurs années avant qu'il soit question de peinture à l'eau, avait peint le long de la Tamise de petites esquisses à l'huile, extrêmement floues, qui semblaient annoncer qu'un nouveau moyen de poser la couleur devenait nécessaire. L'effet à obtenir était donc en question avant que le moyen fût mis en œuvre; et on peut dire que l'aquarelle ouvrit des perspectives nouvelles parce que les peintres anglais du début du XIXᵉ siècle n'étaient plus satisfaits des paysages construits des générations précédentes, et savaient déjà dans quel sens ils voulaient modifier l'espace. C'est donc bien la forme et le sens donné à toutes les valeurs que la peinture met en jeu qui imposent les découvertes techniques et non le contraire.

LE CORPS DANS L'ESPACE ET LA SCULPTURE

Corps dans l'espace, la statue entretient avec son milieu des rapports originaux. L'organisation complexe qu'élabore le peintre ne touche qu'une partie limitée du lieu où se trouve l'œuvre; elle désigne les significations de l'espace, elle ne le métamorphose pas. La sculpture, en revanche, habite avec nous, elle nous impose sa densité et son équilibre; elle est à la fois construction cohérente et prise de possession de l'espace. Elle doit donc être autonome pour avoir pleine signification. Lorsqu'elle est adossée à un mur, placée dans une niche, intégrée de quelque façon à une architecture, ses possibilités d'extension sont évidemment limitées. Elle se trouve à la fois protégée et prisonnière, on ne peut donc l'envisager de la même manière qu'une sculpture isolée; à plus forte raison, le relief, sous toutes ses formes, doit-il être compris autrement que la statue.

Abstraite, la statue peut rester une évocation du corps. Sans qu'aucune forme ne rappelle l'être vivant, le schéma corporel reste présent lorsque subsistent l'équilibre des masses, le poids, la poussée interne des volumes et des mouvements. La plupart des œuvres de Stahli, de Gilioli, de Barbara Hepworth ou d'Anthoons par exemple, ont ces caractères qui manifestent la vie sans se conformer en rien à l'apparence du vivant.

En revanche, certaines œuvres contemporaines ne doivent plus rien au corps. Elles participent aux recherches de formes absolues qu'on rencontre aussi en peinture. Elles sont dégagées, en principe, de toute affectivité et se veulent objectives comme les toiles de Mondrian. Il ne s'agira pas, pour Limpold ou Gabo, de manifester une existence corporelle dans l'espace mais comme nous l'avons déjà vu à propos de Gabo et du constructivisme, de découvrir les structures fondamentales, objectives, de l'espace. Bien que ces œuvres soient le plus souvent autonomes, elles se distinguent absolument de ce que nous appelons des statues; nous n'en ferons donc pas mention ici, mais dans un paragraphe consacré aux constructions imaginaires.

Les rapports que la statue entretient avec son milieu sont en liaison étroite avec la façon dont le sculpteur a élaboré son œuvre; il ne s'agit pas d'une opération mentale mais d'un travail qui s'opère en contact avec une matière déterminée.

La poussée intérieure des volumes s'exprime différemment à travers l'effort de la main maniant le ciseau pour épaneler un bloc et par le mouvement des doigts qui modèlent et pétrissent les pâtes souples faites de terre, de plâtre ou de cire; autre encore est l'approche de la forme par le battage du métal, autre la ciselure et le montage d'éléments divers. La statue conserve dans sa forme finale la signification originaire de cette première tentative d'incarnation. La statue qui se dresse dans un espace qu'elle qualifie est d'abord chose taillée, modelée ou fondue; elle est masse malléable ou bloc résistant, elle conserve dans ses métamorphoses la légèreté du bois ou le poids du granit conjugués à la longue patience du tailleur de pierre ou au jeu habile et rapide des mains qui, comme celles du potier, font naître les formes comme par magie. La statue est donc, essentiellement, la manifestation d'un travail incarnant dans la matière choisie une certaine façon d'être corps. Objet tout à fait étranger à notre manière d'être au monde, puisque sa matière nous exclut en quelque sorte, il nous est conaturel, par le poids, la densité, la poussée des volumes; de quelque manière qu'ait été conçue cette incarnation, elle réalise, au-delà de toute expérience vécue, mais à partir d'elle, la prise de possession de l'inerte par le vivant, et projette sur l'image taillée par des mains d'homme, l'ombre des dieux.

Selon les temps et le lieu, les sculpteurs s'intéressent davantage à un aspect déterminé de leur art.

Il peut donc y avoir des manières archaïques de concevoir la statue et ses rapports avec l'espace. Les plus anciennes, soutenues par des croyances aujourd'hui disparues, révèlent une dialectique particulièrement simple. C'est ainsi que la statuaire égyptienne nous montre mieux qu'aucune œuvre plus récente ce que peut être l'union de la pierre et du vivant. Idole ou corps d'éternité, la statue remplaçait, en lui épargnant la corruption, un corps mortel ou permettait au dieu de prendre forme pour ses fidèles. La stabilité était donc essentielle puisque mort ou dieu devaient surtout, par la grâce du sculpteur, échapper à toute altération et même à tout changement. Ces effigies sont donc des défis à la mort. La matière privilégiée sera la pierre taillée et polie. La dureté du calcaire ou du granit, leur masse, leur poids seront garants de l'indestructibilité d'un corps, dégagé désormais de toute contingence, mais exprimant cependant la vie en dépit de cette immobilité définitive. Lorsque, comme il est arrivé, d'autres matériaux sont mis en usage, par exemple le bois, l'œuvre conserve un aspect massif qui lui vient de la conception fondamentale de la pétrification.

Les rapports avec l'environnement seront ceux de la pierre elle-même. Que le personnage soit représenté assis ou bien debout, en marche, il demeure un bloc inamovible. Un geste du bras ou de la jambe ne modifie en aucune façon la disposition des autres parties du corps; c'est simplement une indication abstraite qui ne change rien des rapports avec l'espace. Il y a geste, il n'y a pas mouvement et il ne faut pas plus de place à la statue qu'à un bloc inerte; néanmoins la vie s'exprime dans le visage et dans l'ampleur des formes, mais il n'y a aucun déploiement ni réel ni virtuel. L'intensité expressive est cependant telle, dans cette massive immobilité, que tout ce qui entoure la statue apparaît, par contraste, fragile et vain. C'est donc de manière indirecte, en excluant les choses contingentes qui se trouvent à proximité, que ce type de sculpture influence son milieu. Il exige une sorte de vide ou des rapports avec des formes semblables aux siennes.

Il suffit de songer à Phidias, à Michel-Ange ou à nos contemporains tailleurs de pierre, pour se rendre compte qu'on peut conserver au marbre ou au calcaire sa densité originale et, cependant, faire surgir dans l'espace des masses en mouvement. Ce n'est donc pas seulement le sens des matériaux qui est en cause mais, une fois de plus, les croyances. Ni les hommes d'aujourd'hui, ni les Grecs d'autrefois ne croient plus à l'éternité des corps; c'est pourquoi ils créent dans la pierre des volumes asymétriques dont l'équilibre fait naître de multiples tensions. La masse reste compacte mais le lieu n'est plus simplement occupé par la statue. Le dynamisme de celle-ci exige, pour déployer toutes ses virtualités, un espace qui peut être considérable. Lorsqu'aucune attitude n'est définitive, le geste qui se prolonge dans le corps tout entier doit poursuivre son élan à l'extérieur et la poussée interne des volumes peut simuler gestation et croissance. Conçue de cette manière, l'œuvre manifeste une présence en expansion toute différente de la vie pétrifiée des sculptures égyptiennes. Le rapport du vivant et de l'inerte est ici inversé en faveur du vivant, mais c'est cependant en tant que marbre ou calcaire que se déploie l'œuvre. C'est ainsi que le poids et la densité jouent un rôle essentiel dans la dialectique de la statue et de l'espace.

La multiplicité des profils permet à la sculpture de se déployer dans toutes les directions et, dès lors, de construire un espace qui lui est propre. C'est ainsi, par exemple, que les *Esclaves* de Michel-Ange, envisagés de différents angles, manifestent chaque fois de nouvelles virtualités d'un mouvement dramatique; les femmes de Maillol, en revanche, composent une harmonie parfaite, un équilibre dont chaque aspect révèle d'une manière différente comment une forme peut s'épanouir dans l'espace dans une stabilité parfaite.

Jusqu'à l'époque contemporaine, pour rester fidèle à sa matière, la sculpture de pierre semblait devoir rester absolument massive. H. Moore a montré depuis que rien n'empêchait de chercher à mettre en valeur des vides intérieurs; c'est ce qu'il appelle parfois sculpter l'air. Dès l'origine, c'est le sens même de son travail qui l'incita à faire de nouvelles expériences. Il s'en expliqua lui-même: « *Une pierre peut être percée d'un trou et ne pas être affaiblie si le trou est d'une forme étudiée comme dimension, forme et direction suivant le principe de l'arc, la pierre peut (alors) demeurer aussi solide* [31]. » L'allusion à l'arc montre bien que le sculpteur est parti, non d'une image mentale, mais de la connaissance des conditions du travail à accomplir et du souci des matériaux. Le nouvel espace qu'il suggère n'est pas un jeu de virtuose mais une découverte de sculpteur dans l'accomplissement de sa tâche.

On remarquera qu'il ne fait aucune allusion au bois, qu'il avait taillé déjà, et qui permet naturellement toute sorte de constructions dans les vides internes de la statue.

Le modelage implique des conceptions toutes différentes de l'incarnation et de l'espace. La matière originelle est molle et capable de n'importe quelle forme; elle n'offre à la main aucune résistance et est manipulée sans effort. On peut en faire une masse compacte ou redécouvrir le creux de l'amphore; les excroissances, les boursoufflures, tout semble acceptable dans la glaise ou le plâtre indéfiniment malléable et sans poids. Tous les jeux de surface sont également possibles dans une matière où la moindre pression laisse une empreinte. Cependant l'objet terminé suppose de nombreuses métamorphoses: la terre sera durcie au feu, parfois

---

[31] H. Moore, *Notes on sculpture*, dans H. Read, *H. Moore Sculpture and Drawings*, Londres, Lund Humphries and Cᵒ, 1949, p. XLI.

émaillée, elle changera d'aspect dans la chaleur du four clos, ou bien la coulée du bronze viendra remplacer la cire dorée et mate ou le plâtre blanc. Ce qui était mou deviendra résistant, ce qui était clair et friable sera métal sombre et dur. Chaque étape semble créer une forme entièrement nouvelle et imposer une conception différente de l'œuvre. Presque toujours, le sculpteur s'attarde à l'une des opérations. Dès le modelage, tel artiste anticipe et songe déjà à la patine du bronze; l'argile dans les mains des fondeurs grecs était déjà métal, comme l'était le plâtre de Maillol ébauchant la *Méditerranée,* comme chez Gilioli apparaît, dès l'ébauche, les arêtes dures du métal. De telles œuvres ont des formes à la fois déliées et fermes qui s'établissent de manière stable dans l'espace.

Cependant, beaucoup de statues coulées ont été pensées jusqu'au bout comme une matière malléable, ce qui est l'essence du modelage. La statue apparaît alors comme un corps en mutation, à l'image de la boule de glaise qui peut indéfiniment changer entre les doigts qui la pétrissent. Le rapport avec la matière a, dans ce cas, quelque chose de charnel. Cela se voit très bien dans les œuvres de Rodin comme le *Balzac,* masse en mouvement qui conserve si bien la trace de son origine tellurique qu'elle est vraiment comme une levée de terre toute marquée des traces de la main qui l'a pétrie, sans évoquer jamais la dureté du métal. Rien, dans un être pareil, n'apparaît défini, ni définitif et il faut à une telle statue un espace considérable pour lui permettre non seulement le mouvement mais encore toutes sortes de métamorphoses. Le rapport avec l'espace se complique d'ailleurs encore à cause du modelé complexe des surfaces.

Il faut en effet considérer avec Focillon que les sculptures déterminent l'espace soit comme limite, soit comme milieu. Dans le premier cas, l'espace est la limite de la sculpture « *elle ne va pas plus loin, elle se cogne en quelque sorte contre lui* », dans le second cas la sculpture « *s'en empare, elle le pénètre, elle l'agite* [32] ». Il est évident que la plupart des œuvres modelées exigent, par leur nature même, un espace milieu, non seulement à cause du mouvement dont elles peuvent être facilement animées, mais encore par suite de l'ambiguïté de leurs surfaces qui font jouer la lumière et ne permettent pas à l'œil de tracer une frontière nette entre elle et leur milieu.

La terre incite à toutes les ambiguïtés, elle permet aussi toutes les audaces; les vides et les tentacules qui apparaissent dans les sculptures de Lipchitz sont, elles aussi, révélatrices de ce que peut exprimer la main au contact de la glaise et des métamorphoses de l'image du corps interprétée de cette façon. Le sculpteur unit des formes à tel point enchevêtrées que l'individualité de chacune se perd; on ne reconnaît plus l'amant de l'amante, on ne peut séparer Jacob de l'ange, ni Prométhée de l'aigle qu'il terrasse; un oiseau peut tout naturellement devenir une harpe à partir des mutations que subit la terre dans les doigts qui la modèle et les formes ainsi conçues imposent à l'espace des mouvements instables souvent contradictoires. Il importe peu que nous voyons, en fin de compte, des objets de bronze; tout ce qui vit en eux vient de l'argile.

Si la facture s'impose à ce point, on peut se demander

---

[32] H. Focillon, *L'Art des sculpteurs romans*, Paris, Leroux, 1931, nlle éd. P.U.F., Paris 1964, p. 26.

si Rodin ou Lipchitz ne mettent pas en péril l'authenticité de leurs œuvres en acceptant que leur dernier état soit du métal; de même on pourrait parler de trahison à propos des cires de Degas qui furent coulées en bronze après sa mort. Cependant, il ne faut pas oublier que le travail de la fonte suppose un modelage préalable et qu'il n'y a pas contradiction entre les techniques; simplement, comme nous l'avons dit, on pourrait croire que le sculpteur s'est arrêté en chemin, qu'il s'est désintéressé de la dernière opération, ayant pris trop de goût à ce qui précédait. Sans envisager l'étape dernière et la dureté indestructible de l'œuvre achevée, il s'est pourtant livré à l'indispensable corps à corps avec une matière déterminée, il a incarné la vie de ses mains; c'est précisément l'authenticité de cette démarche qui fait que la terre reste présente dans le métal.

Il n'en va plus de même lorsque l'on traduit en pierre une œuvre modelée. Il ne s'agit plus d'une étape mais d'une appréhension absolument différente du matériau. Il est évident que les bronziers grecs ont été trahis, eux, par les copistes romains qui ont transposé leurs statues en marbre. Mais le cas n'est pas différent lorsqu'un modeleur fait exécuter en pierre, par un praticien, ce qu'il a découvert en maniant du plâtre ou de l'argile. C'est ce qui s'est passé pour de nombreux artistes au XIXᵉ siècle, et notamment pour Rodin. La mollesse de ses marbres ne s'explique pas autrement, il n'y a là aucune rencontre véritable avec la pierre.

D'un tout autre ordre sont les expériences de Brancusi qui s'efforce de découvrir les métamorphoses qui s'opèrent dans la forme au contact de diverses matières. Le point de départ est la facture elle-même et, chaque fois, la forme est reprise et en quelque sorte réinventée. C'est ainsi que *l'Oiseau* a été traité successivement en marbre blanc, en marbre noir et en cuivre poli. Bien que les diférences de proportion, d'une pièce à l'autre, soient minimes, ce sont bien pourtant ces différences qui intéressaient Brancusi, soucieux de découvrir la corrélation exacte entre le matériau et la forme.

Sans aller aussi loin, des sculpteurs comme Donatello, comme H. Moore, comme Gilioli ont montré qu'on pouvait s'adapter de manière authentique à des matières différentes. La pierre n'est jamais pour eux le moyen de transposer des œuvres conçues dans d'autres matériaux. Leurs sculptures de métal ou de bois apparaissent tout autres. Chaque fois, la technique a été à l'origine de la forme.

Si la traduction d'une œuvre peut la trahir, que penser de ce qui ne fut pas dès l'esquisse prévu pour un certain matériau. Nous avons vu que Rodin, essentiellement modeleur, avait fait réaliser en marbre certaines de ses œuvres, leur conférant une ambiguïté particulièrement gênante. Il reste cependant, dans le *Baiser* ou dans *la Pensée,* quelque chose de la conception première, telle qu'elle apparut au contact avec l'argile ou le plâtre; mais quand la virtuosité se joue des matériaux, il n'en va plus ainsi. On peut alors faire flotter comme de l'étoffe les draperies de pierre comme firent certains baroques. La statue n'est plus qu'une manifestation destinée au regard; pur spectacle, elle n'apparaît plus ni comme corps ni comme matière et elle perd ses significations essentielles liées au labeur de la main et à la métamorphose des matériaux, et bien qu'elle occupe souvent très largement l'espace,

elle le fait à la manière d'un mannequin revêtu d'ori-
peaux sans que sa présence s'impose.

LES CONSTRUCTEURS D'ESPACE

Certains contemporains considèrent que la sculpture
est plutôt définition de l'espace que statue. Un premier
type de construction est scénographique. Le sculpteur
rassemble des éléments divers, plus ou moins hétérogènes, sur une base. Il ne s'agit pas de groupes au sens
traditionnel parce qu'on ne recherche pas la cohésion
organique des différentes parties, on les isole au contraire de manière à créer des rapprochements et des
distances entre elles. Il s'agit donc d'une juxtaposition
où les vides sont aussi importants que les sculptures.
Les relations d'opposition ou de ressemblance prennent
sens grâce à eux. C'est donc bien un espace qui est
construit et non un groupe.

Cela apparaît clairement dans les compositions créées
il y a quelque trente ans par Giacometti qui, par
exemple, isole nettement chacun des éléments de la
Place à quatre heures. Il est évident que, bien plus que
les figures ou les objets représentés dans cette sorte
de petite maquette de plâtre, ce sont les distances entre
eux qui sont significatives. On retrouve une notion
analogue chez Stahli, soit qu'il compose de véritables
théâtres, soit qu'il dresse des groupes de pieux ou de
totems, cette fois de grande dimension, et nous invite
à pénétrer dans une forêt imaginaire parmi des troncs
dressés. Il est évident que, quelle qu'en soit l'échelle,
de tels groupements appellent la présence de l'homme,
qui seule peut leur donner leur pleine signification. Ce
sont en effet des temples fictifs, des places imaginaires,

des scènes où la pièce s'est figée dans un instant dramatique, ou bien au moment où le dernier personnage a disparu. Tout, en effet, est envisagé pour créer un habitacle, et c'est là le sens même des distances entre les choses. L'horizontalité du sol, l'implantation des différents éléments, la pesanteur, tout indique qu'il s'agit bien de manifester la présence ou l'absence d'un être humain en fonction d'un entourage possible. La situation corporelle de l'homme apparaît donc ici à partir d'un univers tridimensionnel; mais ce n'est plus l'homme qui définit l'espace et qualifie l'environnement, la situation est inversée. La statue impose sa présence et ses virtualités, les constructions imaginaires nous invitent à découvrir si le monde est ou non habitable pour l'homme.

On peut aller encore plus loin dans ce sens en cherchant à modifier l'appréhension de l'espace. C'est ainsi que Soto ne se contente pas de bornes et de repères, mais cherche à dépayser le spectateur en l'introduisant dans un monde magique, soit en entourant la salle entière d'éléments verticaux, tous identiques mais dont l'aspect se modifie suivant la position du visiteur, soit en le faisant pénétrer dans une épaisseur de fils flottants où il croit se perdre. Il s'agit toujours de manifester un espace dont l'homme est la mesure, mais la situation du spectateur est radicalement changée; il ne peut plus se projeter dans une construction dont l'échelle l'exclut par avance, ni même se trouver confronté avec des statues dont la puissance d'évocation existe indépendamment de la situation concrète du spectateur. Observées à distance, les forêts de Stahli ont un sens, lorsque nous marchons parmi les pieux dressés, de nouvelles virtualités se font jour, parce que s'ouvrent de nouvelles perspectives; mais la variété des éléments constituant la construction spatiale leur donne une autonomie telle que notre présence ne semble pas pouvoir y apporter de modification. Dans ce sens, notre rapport avec les choses n'est pas changé, nous sommes bien des spectateurs, objets et distances sont variés et multiples mais stables. Les œuvres enveloppantes de Soto nous donnent au contraire un rôle d'acteur, puisqu'elles n'existent pas pour un regard extérieur mais pour un corps en mouvement; les fils flottants n'ont aucune signification pour celui qui les voit, ils ne prennent sens que si le visiteur s'y fraie un chemin, en découvre la légèreté, la mobilité et tente de s'y situer par rapport à d'autres. Comme dans beaucoup d'œuvres de notre temps, la participation active du spectateur est exigée, sa liberté mise en jeu est sollicitée de se plier à la situation qui lui est faite. Contrairement à ce qui se passe pour toutes les œuvres sculptées précédentes, on peut dire que le monde où l'on nous introduit non seulement s'impose sans distance mais encore n'a plus de dehors. Inclassables dans d'anciennes catégories, des œuvres pareilles posent le problème des mutations radicales de la conscience de l'espace en notre temps.

De telles conceptions ont été précédées par les tentatives de ceux qui ont tenté de construire des projections spatiales indépendantes de la présence humaine. D'échelle plus ou moins réduite, impénétrables et sans poids, les constructions savantes de Pevsner et de Gabo et les toiles d'araignée de Lipold ne définissent pas une demeure mais cherchent un équilibre intelligible. Ce qui nous est présenté là a un caractère objectif tout à fait étranger à l'expérience du corps. L'usage des

tringles, des fils, de matières transparentes donnent
à la plupart de ces compositions un aspect immatériel
qui manifestent parfaitement ce qu'elles ont de volontairement abstrait, c'est-à-dire d'étranger aux situations vécues. Il faut souligner aussi que la pesanteur
est presque toujours niée mais non le mouvement, qui
peut donner aux œuvres de Pevsner par exemple, un
dynamisme tout à fait remarquable. Ainsi, en quelques
années, est-on passé de l'espace construit « à vide »,
exclusivement donné à voir, à la construction contrai-
gnante, donnée à habiter, proposée au corps et au
mouvement réel, et non plus au seul regard (fig. 16).

Il est particulièrement intéressant de noter qu'on
retrouve un aspect dramatique et des allusions au déploiement de la présence humaine dans l'espace dès
que la pesanteur reparaît, surtout si elle est associée à
une certaine irrégularité de formes. C'est ainsi qu'un
certain nombre de constructions abstraites, comme
celles de Lardera par exemple, font intervenir la densité et le poids dans des assemblages de plaques ou de
lames métalliques. Avec eux reparaît cette singulière
connivence qui nous lie aux objets solidement ancrés
dans le sol. Bien qu'elles n'aient pas figure humaine,
de telles sculptures ne nous paraissent pas appartenir
à un monde abstrait mais participer à la vie la plus
concrète. Mélange de perfection et de hasard, d'équilibre et de tensions, ces œuvres ne sont pas exactement
des statues mais elles évoquent gestes et mouvements
et déterminent l'espace de la même manière que les
images de l'homme créées par d'autres sculpteurs.

C'est donc un certain sens de la matière, et plus particulièrement de la pesanteur et des masses, qui donne
signification à la sculpture et établit un rapport entre

elle et notre présence corporelle dans l'espace. La construction n'est plus reconnue comme habitacle lorsque le corps vécu peut s'y reconnaître de quelque manière que ce soit.

LE BAS-RELIEF

Le cadre et les limites préétablies organisent les rapports du relief et de l'espace. Certains reliefs très peu saillants n'entretiennent guère de rapport avec l'extérieur et s'apparentent à des peintures. C'est si vrai qu'on confond souvent sous une dénomination commune, celle d'arts graphiques, les peintures et les reliefs égyptiens; par ailleurs, l'introduction de la perspective dans les bronzes de Ghiberti et de Donatello indique bien la confusion qui peut s'établir entre des pièces modelées et fondues et des peintures. En revanche, le même Donatello, lorsqu'il sculpte des figures d'enfants sur la chaire à chanter de la cathédrale de Florence, leur confère une autonomie apparente. Même alors, les relations de ces sculptures avec l'espace ne sont pas les mêmes que celles des statues mais il est évident que le problème est tout autre que celui du bas-relief. Nous envisagerons donc séparément, et successivement, le bas-relief et ensuite le haut-relief.

Si nous reprenons l'exemple de l'Egypte, nous découvrirons que vraisemblablement les Egyptiens eux-mêmes faisaient peu de différence entre la peinture et le relief, tel qu'ils le concevaient, surtout aux plus hautes époques. On peut admettre que la sculpture présentait simplement l'avantage de la solidité. A y bien regarder, cependant, d'autres qualités interviennent. Le travail était exécuté généralement dans un calcaire suffisamment fin pour que le sculpteur puisse atteindre une grande précision du modelé et un dessin très net de toutes les figures. Plus clairs, plus lisibles, les reliefs l'emportent aussi sur les peintures par leur densité. Gravés dans la pierre, ils participent à la dureté et au grain de la matière. Ils sont, comme les statues, des formes pétrifiées bien que l'espace dans lequel ils s'insèrent soit construit à deux dimensions. Le milieu ambiant est sans contact avec eux, ils sont cependant tout autre chose que des pigments posés sur un mur plat. Sous la couche colorée qui couvre généralement la pierre, le relief laisse apparaître l'effet de la taille dans une masse solide, ce qui confère à l'ensemble une unité différente de celle qu'on aurait pu obtenir par la peinture seule.

On retrouve, en effet, ici la dialectique de la main et du matériau propre à toute sculpture. Tout le représenté, l'ensemble cohérent de l'espace, s'incorpore à une matière unique. En obéissant aux règles de composition imaginée par les peintres, le relief évoque cependant, en plus, l'unité matérielle. Cela apparaît mieux encore lorsqu'on constate que l'introduction des lois de la perspective dans les bas-reliefs de Ghiberti n'empêche pas ceux-ci d'être essentiellement métalliques. Les architectures figurées dans les panneaux de la porte du paradis au baptistère de Florence ont de tout autre rapport avec les personnages que ceux qui sont habituels en peinture à l'époque. La dureté et le brillant du métal, les délicatesses de la ciselure construisent un univers sans commune mesure avec celui de la fresque.

Il va de soi que ces différences se manifestent aussi entre les œuvres sculptées et les peintures d'un même

artiste. Ainsi Pisanello, qui réinventa au XV° siècle
l'art de la médaille, y introduit une autre conception
de l'espace que celle qui apparaît dans ses peintures.
Il va de soi que sa composition est fonction de la forme
circulaire et de l'échelle réduite des médailles. Mais
la matière, la cire, donne son sens véritable au relief.
Elle explique sa précision délicate et la solidité simple
des volumes. Surtout l'isolement des figures sur un
fond lisse et la netteté rigide des inscriptions confèrent
une réelle monumentalité au petit objet modelé dans
la cire et coulé dans le bronze, alors que Pisanello ne
la recherche pas dans la fresque où il multiplie volontiers les détails. Là, les aspects pittoresques du paysage
remplissent tout le champ; ici le fond, sur lequel se
détache le profil, est tout uni. La figure apparaît, dans
un vide absolu, encadrée par des lettres en majuscules
romaines qui servent à circonscrire l'espace. L'éparpil-
lement des colorations multiples de la peinture est ici
tout à fait oublié au profit de recherches qui portent
exclusivement sur les volumes et l'équilibre des formes.
La dureté du bronze, particulièrement mise en valeur
dans les inscriptions, laisse subsister cependant toute la
douceur du contact des doigts ou du stylet avec la cire.
(fig. 11).

Cette mutation d'un espace, apparemment pictural,
en tout autre chose par l'interveniton de la matière,
apparaît tout aussi bien dans les bas-reliefs que plusieurs sculpteurs du début du siècle réalisèrent en
s'inspirant des tableaux cubistes. Là encore, le mode
d'expression n'est ni le graphisme, ni la couleur, ni
même la lumière, bien que tout cela intervienne, mais
la matière et la technique sont devenues essentielles.

Ces sculpteurs ont généralement choisi les mêmes

motifs que les peintres, c'est-à-dire des natures mortes. Il s'agit donc bien, comme dans la peinture, d'établir un rapport avec les objets dans l'espace et de projeter, en deux dimensions, une construction qui rende compte de l'ensemble du monde sensible à travers certains objets où le corps humain, contrairement à ce qui se passe pour la statue, ne joue pas de rôle privilégié. Mais les choses représentées sont introduites dans un univers d'une densité inconnue à la peinture. Le sculpteur, plus démiurgique que le peintre, ne se contente pas d'affirmer ce qu'est l'univers qu'il voit, il le transforme radicalement, il le réifie en lui donnant cette solidité indestructible du métal ou de la pierre. Le divers qui lui sert de modèle prend une unité nouvelle qui supprime l'autonomie de ses éléments. La pomme, la guitare et l'étoffe sont inévitablement d'une même matière; le lisse, le dur, le mou ne peuvent plus s'opposer comme dans la peinture, tout désormais devient granit ou bronze.

La projection de l'espace dans le bas-relief est à la fois plus simple que celle de peintres et plus ambiguë. Les ressources de la peinture permettent infiniment plus de nuances dans la qualification des choses et des lieux; cependant, l'inévitable durcissement des formes permet de pousser à la perfection certaines expressions graphiques comme on le voit chez Pisanello et dans l'art égyptien, le relief en effet peut donner aux formes une autonomie et une puissance que la peinture permet rarement d'atteindre.

LE HAUT-RELIEF

Le haut-relief conserve quelque chose des structures picturales, puisque les figures sont disposées sur un fond, mais celui-ci se réduit le plus souvent à un panneau lisse, neutre, qui évite simplement aux sculptures un contact direct et total avec l'environnement. Ainsi n'y a-t-il pas ici d'isolement dans l'espace ni d'occupation réelle du lieu, mais il n'y a pas non plus de manifestation du poids et de l'équilibre, ce qui distingue absolument tout relief de la statue. Le haut-relief ne ferait donc pas allusion au corps vécu; spectacle, il apparaîtrait plutôt comme la révélation de l'apparition du corps d'autrui dans un espace qui peut être limité et défini. C'est ce qui permet de multiplier les figures tout en conservant une parfaite unité à la composition, puisque celle-ci est liée à une certaine façon de voir des éléments dans l'espace et non à la manière dont on s'y établit.

Il reste cependant des traces du rapport de la statue au corps propre dans le haut-relief chaque fois que les formes apparaissent comme celles d'une statue prisonnière du mur. Et une dialectique très complexe s'engage à ce niveau entre le vu et le ressenti. On le voit bien dans certaines figures de portails médiévaux, comme par exemple les *Prophètes* de Moissac ou même les statues colonnes du portail royal de Chartres. C'est encore plus évident dans les sculptures d'Armitage qui semblent avoir tiré consciemment parti de ce caractère particulier du relief.

Ses œuvres sont destinées à être isolées, mais elles ne sont pas vraiment à trois dimensions; les diverses figures qui constituent les groupes sont comme prises dans une gangue unique, une masse de glaise applatie qui donne cohésion à l'ensemble et crée un espace à deux dimensions. Le sculpteur groupe ses personnages peu individualisés, les uns à côté des autres, comme s'ils étaient adossés à une paroi, leurs gestes sont évoqués par des membres grêles, simplifiés qui font intrusion dans l'espace réel alors que les corps sont des masses immobiles qui ne se distinguent pas les unes des autres. C'est donc bien la notion de statue prisonnière avec tout ce qu'elle implique qui est réalisée ici: un espace fictif à deux dimensions et un espace réel sont en effet mis en cause simultanément (fig. 12).

Il est évident que les œuvres d'Armitage destinées presque toujours à être vues de face sont bien un spectacle, c'est-à-dire que, pour le sculpteur, elles peuvent être considérées comme ayant un dehors plutôt qu'une intériorité. C'est ce qui explique les aspects humoristiques de ces sculptures qui schématisent des groupes humains, souvent le couple, mais aussi des gens assistant à un concert et dont les silhouettes élémentaires apparaissent comme des croquis d'attitudes. Par ailleurs, le rapport avec la matière, l'argile, devenue bronze, manifeste la difficulté, pour ces êtres qui ont quelque chose de larvaire, d'un plein épanouissement dans l'espace. La gangue emprisonnant les figures ne permet à aucune d'elles d'atteindre une véritable individualité, les réduisant à faire partie d'une structure unique où elles se perdent, et qui ne leur laisse pas non plus la liberté des mouvements de leurs membres, réduits à des sortes de moignons. Confondus avec d'autres dans la passivité de l'involontaire, les personnages d'Armitage ont, sous cet angle, un aspect dramatique dont l'origine cette fois est proprioceptive. Ce caractère est comme toujours en étroite liaison avec le travail sur la matière qui, ici, évoque l'informe et l'originel. On voit que ce qui est humour sous l'aspect du spectacle, l'unité massive des groupes, les gestes schématisés par des membres en forme de bâtons, change entièrement de sens lorsqu'il est vécu au contact avec la matière et avec l'expérience du corps, comme un appel désespéré vers le monde extérieur que l'homme, faute de pouvoir réellement s'y installer, ne domine pas.

L'ambiguïté du vu et du ressenti n'est pas toujours aussi évidente. Les reliefs de Donatello, par exemple, sont bien des spectacles et le vitalisme joyeux qui y est décrit apparaît identique du dehors et du dedans. On peut croire cependant, devant les enfants de la chaire de la cathédrale de Florence, que Donatello se permet plus d'audace, des mouvements plus débridés, lorsque la sculpture ne doit pas s'établir complètement dans l'espace. C'est là un aspect du bas-relief, non moins caractéristique que celui de la statue prisonnière: l'ordre architectural dans lequel s'intègre la sculpture permet de lui donner des expressions plus violentes et surtout de ne pas se soucier de l'équilibre indispensable à la statue. C'est ainsi qu'on voit fréquemment dans la sculpture de la fin du XVe siècle des médaillons avec des têtes en ronde bosse qui semblent surgir tout entières du mur. C'est une audace que permet l'ordre architectural auquel s'intègre cette forme. La statue, en effet, isolée constitue elle-même une harmonie. Le relief s'intègre à une organisation préétablie, sa hardiesse est donc toujours compensée par l'ordre général. Les rapports avec l'espace peuvent donc être extrêmement agressifs sans, pour autant, créer de désordre. Les mouvements des enfants de Donatello ont quelque chose d'anarchique et manifestent par conséquent une vie sans frein mais le sens général de l'œuvre n'a pas ce caractère, puisque la masse mouvante des corps est liée à un fond rigide et est limitée par les horizontales de la base et du sommet de la balustrade. Vie prisonnière, vie maintenue dans une organisation ordonnée, on voit que la dialectique du mur et de la sculpture qui s'en détache peut avoir un sens positif ou négatif suivant que l'ordre introduit par les données architecturales est tenu pour celui de la raison qui équilibre des forces contradictoires, ou pour celui, aveugle, des conditions physiques ou de la société, voire du destin, qui limitent l'épanouissement de l'individu.

LES COLLAGES

L'ambiguïté du bas-relief tient essentiellement dans un mode de matérialisation qui semble étranger à la structure de l'œuvre à deux dimensions; celle-ci suppose apparemment une projection spatiale détachée de la matière comme telle, ce qui permet à la peinture, par exemple, de manifester librement le sens que l'artiste donne aux matières diverses.

Certaines formes de collages ont un caractère analogue à celui du bas-relief. Placer dans une peinture un élément hétérogène, fragment de papier de tapisserie, ficelles ou étoffes, sans provoquer un relief au sens propre, introduit une perturbation profonde dans la matière même de la peinture et l'attention se trouve attirée sur la texture des matériaux, aussi bien sur les parties peintes que sur les parties collées. Lorsque cette technique a été utilisée par les cubistes, il ne s'agissait pas d'une simple juxtaposition d'objets hétéroclites mais de la réintégration, aussi ordonnée que possible, d'éléments disparates dans un ensemble cohérent. Les papiers de tapisserie et les morceaux de journaux cessaient d'appartenir à l'univers des choses pour prendre place dans l'organisation des formes sur la toile. Cependant, chacun conservait sa densité propre: les colonnes imprimées des journaux devenaient, dans une matière plus délicate, plus fragile que le reste de l'œuvre, une grisaille légère où les caractères n'étaient plus des signes d'écriture mais un dessin rigoureux. Dans une conception de l'espace, qui prenait son origine dans la perception sans privilégier l'intégrité des objets ou leur situation topographique, il semblait possible et naturel de faire intervenir des matières sans tenir compte de la nature des choses qu'elles constituaient. Le cubisme, parce que de toutes manières il dissolvait les objets, pouvait aisément se servir de fragments de réalité brute et les introduire au milieu des formes construites par le peintre. Il s'agissait d'ailleurs toujours d'éléments déjà élaborés, souvent de papiers, qui ne changeaient guère l'aspect de la surface. Le caractère banal des fragments utilisés dans ces collages ajoutait un caractère familier à l'ensemble et cela aussi était repris en charge, le banal devenait insolite par suite du découpage et de l'intégration à un autre univers. Toutes les métamorphoses aboutissaient à créer avec des matériaux disparates un objet entièrement neuf qui donnait une signification nouvelle à tous les éléments, en altérant leurs qualités initiales. Par exemple, les journaux font partie de notre univers quotidien, mais ils sont destinés à être lus non à être regardés et leur matière, un papier grossier, est toute différente de celle du panneau couvert de peinture. Finalement, la vie des tracés, le jeu du pinceau, l'humour des découpages conféraient une vie nouvelle, celle d'une construction intelligible, à l'ensemble.

Toute construction peut trouver un sens analogue, celui d'une forme nouvelle où chaque élément abandonne son sens original. Cela apparaît aussi bien en sculpture. Ainsi, quand le sculpteur polonais Sielucki décore de clous des structures de bois, ces clous forment une carapace qui s'intègre à la forme et perdent leur autonomie au profit de la totalité de l'objet, ils constituent en quelque sorte une nouvelle matière qui s'harmonise parfaitement avec le bois. Il en va de même chaque fois que l'intégration des objets assemblés, s'opère au profit de la signification de l'ensemble et qu'il y a par conséquent une complète mutation des éléments.

Il en va tout autrement lorsque les parties hétérogènes conservent leur autonomie et leur sens originel. On peut, par exemple comme Vic Gentil, et comme avant lui certains surréalistes; nous montrer une métamorphose incomplète; chaque objet est reconnaissable, il ne se perd pas totalement dans l'unité nouvelle. C'est ainsi que Vic Gentil construit des personnages avec des fragments de meubles; tous les éléments conservent leur individualité bien que le personnage ainsi réalisé se voit conférer une certaine vie organique qui ressemble à celle des machines ou des robots.

L'incohérence peut cependant être poussée bien plus loin si chaque fragment est une entité singulière en opposition avec le reste. Le cadre formé par le panneau sur lequel viennent se placer les éléments disparates renforce l'impression d'incohérence, puisque tout ce qui nous est ainsi offert ensemble est censé participer à un même univers. Souvent on a encadré de telles compositions de manière que le caractère chaotique de l'ensemble soit encore renforcé par une allusion à l'unité plastique que suppose l'œuvre d'art. L'incohérence des objets rassemblés implique, dans cette fausse unité, le caractère absurde du monde. C'est bien ce dont témoignent les collages des peintres du groupe Dada. Max Ernst s'est longtemps appliqué à désintégrer les éléments de la vision commune des choses en opposant dans une sorte de cauchemar des éléments qui se complètent mutuellement de manière ahurissante. En découpant des figures dans des publications illustrées, il changeait la tête ou le corps pour en faire des images monstrueuses. Schwitters, pour sa part, rassembla des débris et des objets de rebut pour en constituer des tableaux ou en tapisser d'extraordinaires colonnes. C'est dans la mesure où nous reconnaissons qu'il s'agit d'enveloppes déchirées, de tickets de chemin de fer ou d'étiquettes de colis que de telles œuvres prennent leur caractère agressif. Encore chez l'un et l'autre, un certain rythme de l'ensemble donne aux œuvres une unité plastique qui leur enlève de leur virulence.

Le pouvoir agressif de l'objet suppose donc qu'il soit tiré de tout contexte formel où il puisse s'intégrer et disparaître comme les papiers de tapisseries et les journaux des cubistes. Dès lors, l'effet le plus puissant sera tiré de l'absence complète de composition. Mais il ne suffit pas de présenter un objet, pour qu'il prenne un sens absolu, il doit aussi être isolé de son propre milieu. Le musée ou l'exposition sont donc le lieu idéal pour des manifestations de ce genre. Ils désacralisent les objets de culte, ils peuvent aussi offrir à notre contemplation esthétique ce qui normalement sert sans être vu. C'est ce qu'a très bien compris J. Duchamp lorsqu'il présenta à une exposition Dada un urinoir de faïence sous le titre *Fontaine* et un peigne sous l'indication: « *ou quatre gouttes de hauteur n'ont rien à voir avec la sauvagerie* ». Le dépaysement de l'objet en change la signification, son isolement lui confère une valeur absolue, d'où le scandale d'une réalité triviale qui se donne comme œuvre d'art. Lorsqu'on utilise les procédés de Duchamp en rassemblant, dans un cadre qui en fait une œuvre d'art, un certain nombre d'objets d'usage courant, on retrouve dans un univers volontairement chaotique la présence agressive d'objets quotidiens qui s'offrent à notre contemplation. C'est ce qu'ont fait un certain nombre d'artistes Pop. Lorsque des éléments graphiques apparaissent dans ce contexte, ils n'ont pas pour but d'unifier l'ensemble comme c'est le cas dans les compositions des cubistes mais d'introduire un élément d'imagerie populaire qui, lui aussi, est un objet préfabriqué retiré de son environnement habituel. A l'époque de Max Ernst, les éléments de l'intégration spatiale volontairement vouée à l'échec étaient tirés des illustrations de publications dans le genre du *Petit journal;* aujourd'hui, c'est le style des bandes dessinées qui triomphe. L'introduction d'objets réels dans une composition empruntée à de tels modèles provoque le choc voulu par l'absurdité de la juxtaposition. C'est ainsi que la figure humaine préfabriquée pour les journaux ou les affiches de cinéma perd toute essence propre lorsqu'elle est opposée aux objets réels mais manufacturés; roue d'automobile, jouets, boutons, pain de savon, tout peut servir à de tels assemblages dont la justification est dans l'incohérence même qui manifeste que rien dans cet entourage ne peut s'humaniser. Une fois de plus, la matière joue un rôle essentiel. Ainsi la femme dessinée dans les *Bath tub collage* de Tom Wasselman perd toute réalité confrontée au vrai savon qui se trouve à côté d'elle dans un vrai porte-savon.

A première vue, le collage semble donc essentiellement destiné à manifester la désintégration d'un univers où certains éléments restent inassimilables et ne peuvent, en aucune façon, s'intégrer à la cohérence du monde des formes. On trouverait l'origine d'une telle interprétation dans des peintures comme celles de Chirico, qui opposait des éléments en trompe-l'œil à des constructions graphiques. Les biscuits de Chirico étaient faux; c'était encore, dans une certaine mesure, de la peinture; Max Ernst introduisit des fragments de cages, des grillages et toutes sortes d'objets dans ses peintures. L'objet vrai faussait la peinture et vice versa. Ainsi se manifestait l'aspect négatif du collage qui pourtant, peu d'années avant, avait été sous les doigts des cubistes un moyen de recherche formelle parfaitement adapté. On retrouve ici, comme pour le haut-relief et probablement à cause d'une ambiguïté du même ordre, les possibilités positive ou négative du collage qui change d'aspect suivant que l'on croit ou non que l'homme est capable de dominer les objets qui l'environnent.

ART OPTIQUE ET MOBILES

Un nombre de plus en plus important de sculpteurs élaborent des constructions mobiles, abandonnant le mouvement virtuel pour le mouvement réel. Ces mobiles ont des formes très variées puisqu'ils vont des larges feuilles agitées par le vent des compositions de Calder aux montages complexes avec projecteurs de

Schoeffer. Si, pour Calder, la forme de la sculpture et les problèmes posés par la pesanteur sont encore essentiels, il n'en va plus de même à la génération suivante. L'intérêt se porte alors sur le déroulement d'un mouvement et sur les mutations que celui-ci introduit dans l'aspect de la sculpture. On peut citer, par exemple, les boules de Bury qui se meuvent continuellement dans un rythme ralenti. Pas plus que les automates du XVIIIᵉ siècle, on ne peut réellement rattacher ces œuvres à la sculpture; quel que soit l'intérêt esthétique du spectacle qu'ils donnent, ils posent de tout autres problèmes. On pourrait parler à leur sujet de ballet mécanique, car il s'agit bien plus de s'exprimer par des mouvements que par l'apparition d'une certaine structure dans l'espace. On peut dans ce cas en rapprocher les peintures de l'art optique, particulièrement celles de Vasarelly; l'émerveillement provoqué par le changement des surfaces peut en effet, dans une certaine mesure, être assimilé au plaisir que nous fait éprouver la vue des mutations de formes en « sculpture ». On dépasserait alors la simple curiosité que provoque un phénomène optique pour assister, en spectateur, à des métamorphoses. L'ensemble de ces formes en mouvement, et dont tout l'intérêt est le mouvement, formerait un groupe à part, un huitième art si l'on veut, tout à fait distinct en tout cas de la peinture et de la sculpture.

ESPACE PICTURAL ET EXPERIENCE DU TEMPS

Les structures de l'espace pictural sont étroitement liées à l'expression du temps; les vides que le jeune Degas introduit à l'avant-plan de *la Scène de guerre au Moyen Age* manifestent non seulement une nouvelle manière de construire un tableau mais encore, et bien davantage, une conception personnelle du temps puisque ces vides indiquent la disparition prochaine des figures, donc un avenir. De même les différences qui apparaissent entre les formes de J. Van Eyck et de R. de la Pasture s'expliquent essentiellement par la manière propre à chacun d'y introduire l'inquiétude et le désir ou au contraire la tranquillité et la paix.

En effet, l'espace est la demeure de notre corps et le lieu où nécessairement se déploient nos projets. Si on peut admettre que la proximité et l'éloignement sont le langage du rejet et du désir, c'est qu'ils sont, dans l'espace, le langage du temps.

La distance suggérée entre l'objet et le spectateur provoque une tension plus ou moins vive; par ailleurs l'abolition de tout éloignement évoque la satisfaction du désir par la présence immédiate, à portée de main, de ce qui est convoité. Des variations illimitées sont posibles à partir de ces données élémentaires lorsque l'éclairage et le jeu des lignes et des couleurs qualifient de diverses façons les objets. Ce qui est proche, donc offert, peut paraître inconsistant ou terrible, ce qui est loin peut être tenu à distance par un obstacle ou être en fuite; des mouvements à l'intérieur de l'œuvre mettront en lumière l'ordre ou le chaos, la disparition de toute chose ou bien la séduction de ce qui est offert. Il n'est pas nécessaire que de vraies images interviennent pour que se manifeste le temps humain; les tonalités et les formes suffisent le plus souvent à évoquer l'espoir, la rupture brutale ou l'instabilité.

G. Poulet a montré, à propos d'écrivains, les variations infinies des structures du temps. Il en va de même chez les peintres; la cohérence spatiale suppose une certaine manière de concevoir l'expérience du temps. Et il y a, là aussi, une telle variété qu'il faut admettre le caractère personnel de l'expression du temps [33].

Il est évident que les moyens de transmettre ces conceptions changent suivant les structures fondamentales de l'espace qui s'appuient, nous l'avons vu, sur des données socio-culturelles. L'éloignement et la proximité ne peuvent s'indiquer de la même manière dans une peinture égyptienne à développement latéral et dans une œuvre romane à deux dimensions où la construction est essentiellement symbolique, dans une

---

[33] G. Poulet, *Etudes sur le temps humain*, Paris, Plon, I, 1950, II, *La distance intérieure*, 1952, III, *Le point de départ*, 1964, IV, *Mesure de l'instant*, 1968.

fresque de la Renaissance ou dans un tableau cubiste. Dans la mesure où une œuvre est fondée sur des rapports vécus avec l'espace, elle peut exprimer le temps; c'est-à-dire lorsque le peintre assume comme étant les siennes propres les structures qu'il construit et cherche un équilibre dont il soit personnellement satisfait.

Les structures socio-culturelles de l'espace ne sont pas les seules données collectives dont il faille tenir compte. Il est évident qu'une certaine manière de concevoir le temps et le destin des hommes fait également partie des croyances propres à une civilisation déterminée; l'idée du salut, au Moyen Age, n'apparaît pas seulement comme un dogme religieux mais impose une certaine manière d'exister en fonction d'un devenir qui dépasse toute vie corporelle; la notion de temps cyclique, dans l'antiquité, donne à la vie et aux actions humaines un tout autre sens. C'est à partir de ces manières de voir, universellement admises, que l'artiste manifestera son attitude propre, son engagement personnel par rapport à sa vie et à son destin.

C'est bien, en effet, une manière différente de s'insérer dans les croyances de leur temps et de les vivre qui sépare R. de le Pasture et J. Van Eyck. On pourrait croire toutefois cet exemple peu probant, la nature même de la foi chrétienne impliquant une attitude personnelle du fidèle, ce qui peut expliquer bien des variantes. Mais on retrouve les mêmes divergences jusque dans l'Egypte pharaonique où l'idée que l'on assume son destin paraît bien moins évidente si l'on songe à l'importance de certaines pratiques magiques, comme la table d'offrandes ou la statue de double et surtout à la notion fondamentale du temps cyclique

qui se manifeste dans le retour perpétuel des mêmes
actes: la croissance, la mort, les naissances sont liées
au retour des saisons. On voit très bien, dans les reliefs
et les peintures, que l'oiseau ne s'envole de l'ombrelle
de papyrus que pour s'y reposer aussitôt, que le taureau
sacrifié est précédé, ou suivi, comme on voudra, dans
le déroulement ininterrompu des travaux et des jours
par le veau qui, à son tour, fécondera une vache et
mourra. L'animal adulte n'est rien d'autre que ce veau
que le fermier aide à naître un peu plus loin, rien n'est
vraiment ni passé ni avenir dans ce cycle de la vie
perpétuée.

Malgré cela, on constate des variantes significatives
dans l'interprétation de cette structure du temps par
les dessinateurs qui ont tracé les figures des mastabas
de l'Ancien Empire. Dans la tombe de Ti, les épisodes
des scènes agricoles et de la chasse ou de la pêche dans
les marais sont particulièrement mouvementés; non
seulement chaque personnage est différencié de son
voisin mais encore les scènes comportent-elles de nombreux épisodes qui brisent le déroulement continu et
harmonieux qu'on observerait dans tel ou tel tombeau
contemporain, par exemple dans celui d'Akhetep qui
se trouve au Louvre.

Chez Ti, les pêcheurs qui manient la grande senne
se tournent les uns vers les autres dans un mouvement
saccadé et violent, même un personnage, penché à une
extrémité du filet, attrape un poisson qui saute hors
des mailles. Le dessinateur a choisi ce qu'on pourrait
appeler les instants dramatiques, ce qui, à l'intérieur
du déroulement inéluctable des épisodes, donne un
sens particulier à sa vision des choses; la réussite des
opérations de la pêche, de la chasse ou de l'élevage

perd quelque chose de son caractère automatique; l'effort, l'ingéniosité, la chance trouvent place dans le déroulement des actions des hommes, voire des autres vivants; ce qui, chez Akhetep, semble un merveilleux ballet bien réglé, une danse rituelle détachée de toute contingence par sa perfection même, reprend contact, chez Ti, avec le quotidien et retrouve une odeur de sueur, un désordre passager où l'on perçoit l'écho de heurts entre les ouvriers, les effets contrastés de la nonchalance des uns et de la brutalité des autres, tout ce qui donne à la vie un aspect un peu chaotique. Le dessinateur du tombeau de Ti manifeste par son style une manière originale de comprendre le déroulement des actions humaines en accordant de l'importance aux ruptures d'un processus qui, à ses yeux, n'est pas parfait ni, peut-être, absolument inéluctable.

Il faut remarquer toutefois que la conception propre au relief et à la peinture égyptienne supprime tout rapport entre le spectateur éventuel et les figures; rien ne peut apparaître comme objet de notre désir ou de celui du peintre, ce qui est en cause est simplement une façon particulière de considérer des événements auxquels on ne participe pas. L'engagement tout à fait personnel de R. de le Pasture ne peut avoir cours ici. Il supposerait une autre manière de concevoir l'individu lui-même et ses relations avec son destin. Il reste un parallélisme évident: il s'agit moins, en effet, de manifester son propre drame même pour le peintre du XVe siècle que d'exprimer une attitude face à la temporalité humaine comme telle. C'est ainsi qu'on peut dire que, pour R. de le Pasture, la croyance universellement admise par ses contemporains, celle du salut par le Christ, est angoissante, puisqu'on peut se perdre ou se sauver, mais ce n'est pas à son histoire personnelle qu'il fait allusion en manifestant cela dans le *Saint Luc peignant la Vierge*, c'est toute l'humanité qui est en jeu.

L'EVOLUTION DU TEMPS

Les nuances sont plus faciles à saisir dans une structure spatiale qui nous est familière, comme celle des impressionnistes. Comme nous sommes bien documentés sur cette période, il est également plus aisé de recourir à des textes ou à des témoignages pour établir certains parallélismes entre le comportement du peintre et son œuvre, celle-ci restant cependant la source essentielle. L'abondance des œuvres, leur classement chronologique suffisamment sûr permettent aussi de suivre d'assez près les variations éventuelles. On peut ainsi constater que la même manière d'exprimer le temps persiste pendant des dizaines d'années, voire une vie entière. Cependant, au cours d'une longue carrière, le peintre peut nuancer et approfondir des significations déjà anciennes. Il peut arriver aussi que se produisent d'importants changements. Ces mutations manifestent une façon nouvelle de s'insérer dans le vécu, elles ne sont jamais éphémères, elles envahissent l'œuvre entière, remplacent les formes précédentes et subsistent ensuite plusieurs années. C'est dire que la manière dont s'établissent de telles structures n'est pas fonction de l'humeur momentanée, ni même des épisodes de la vie. Le désenchantement d'un Degas, l'optimisme d'un Manet ne sont pas fonction du bonheur ou du malheur de l'un ou de l'autre mais d'attitudes fondamentales plus objectives que subjectives.

Pendant plus de vingt ans, pour mettre en valeur un motif éclairé et mobile, cheval ou danseuses, Degas tracera de grandes obliques au travers de ses toiles. Les grands vides de l'avant-plan et toute la construction creusent la distance entre la figure en fuite et le spectateur, au point de la rendre infranchissable en dépit de l'absence d'obstacles entre lui et le lumineux objet du désir, prêt à disparaître. Les portraits, à la même époque, ont une structure différente, mais leur signification est apparentée à celle-là. Degas emprisonne la figure derrière un amoncellement d'objets formant barrière, table, bouquet de fleurs, dossier de fauteuil, tout peut servir à mettre le personnage hors de toute atteinte. On retrouve là le thème de l'isolement du père dans la *Famille Bellelli,* mais, dans les œuvres postérieures, le peintre insiste sur l'attrait du personnage, et la cohérence de la construction rend infiniment plus expressif l'isolement de la figure dans *la Femme à la potiche* du Louvre ou dans *l'Absinthe.* C'est une sorte d'interdit qui semble peser sur ces personnages, d'autant qu'ils sont de face et que leur présence est insistante.

Nous connaissons assez Degas, notamment par sa correspondance, pour savoir combien la certitude de ne jamais atteindre le but poursuivi le hantait. Jamais il n'a cru pouvoir s'arrêter au cours de ses recherches, satisfait de ce qu'il avait obtenu. Il n'en finissait pas, comme il le disait lui-même, de ses « *achèvements de tableaux, pastels, etc.* ». On sait qu'il lui arrivait de reprendre chez son propriétaire un tableau donné ou vendu pour en poursuivre encore, parfois après des années, l'impossible « *achèvement* ». Il n'agit pas autrement lorsqu'il juge les œuvres d'autrui. Il complimente ses amis. Pissarro ou B. Morisot, mais il ajoute tout aussitôt: « *Essayez quelque chose de plus grand...* [34] » Il va de soi que cette même insatisfaction vaut aussi pour le passé, avec le regret de l'inaccompli; en 1884, il écrit à son ami Lerolle: « *J'entassais tous mes plans dans une armoire dont je portais toujours la clef sur moi et j'ai perdu cette clef* [35] ».

C'est vers la même époque qu'apparaît un nouveau thème dans sa peinture, celui des femmes à leur toilette. Là, la figure est presque sans distance par rapport au spectateur, mais elle est souvent de dos ou bien son visage est caché par sa chevelure. La femme n'est donc pas offerte, elle est simplement vue. La construction, toute en courbes, suggère un espace clos. En fait, c'est l'évolution des portraits où le personnage se voyait emprisonné: l'objet, ici encore, est proche, mais interdit. La présence est dérisoire si l'être n'est pas donné et c'est bien le cas ici. L'absence d'obstacle physique rend simplement la situation plus amère. On se trouve toujours devant le thème du désir inassouvi, mais il manque la fuite qui appelle malgré tout la poursuite et l'action. Le « *J'ai perdu la clef* » de la lettre à Lerolle prend tout son sens devant ces nus, que l'on a prétendu laids parce qu'ils sont dépoétisés par les gestes et les accessoires, peignes, éponges, mèche de faux cheveux, tous objets liés à l'idée que la femme est surprise par un voyeur, c'est-à-dire, une fois de plus, qu'elle ne se donne pas à voir et reste par conséquent hors de toute atteinte.

Cependant, les fuyantes danseuses et les chevaux de

---

[34] E. Degas, *Lettres de Degas* recueillies et annotées par Marcel Guérin, Paris, Grasset 1931, p. 34.

[35] E. Degas, *Lettres...*, Paris, Grasset 1931, p. 65.

course n'ont pas pour autant cessé d'intéresser le peintre; ils ne sont d'ailleurs qu'une autre façon d'exprimer la même inquiétude, la persistance d'un désir qui ne pourra jamais se réaliser.

Ainsi, à travers plusieurs thèmes, trouve-t-on chez Degas une manière, toujours la même au cours des années, de qualifier le temps. Cela suppose une attitude fondamentale préexistant à l'élaboration des thèmes qui serviront à l'exprimer, un désenchantement antérieur aux fluctuations concrètes de l'existence, par quoi l'on serait tenté de l'expliquer. Il faut, semble-t-il, au contraire, admettre que c'est cette manière de considérer le temps qui colorera les événements de la vie de Degas. C'est ainsi que les difficultés financières et les déceptions familiales, la mélancolie d'une vie solitaire viennent en quelque sorte se greffer sur la structure fondamentale du désir inassouvi et de la fuite inéluctable de tout ce qu'on voudrait saisir. La difficulté qu'éprouve Degas à achever ses œuvres, l'inquiétude que lui causent certaines dettes lui donnent seulement une preuve de plus de ce qu'il ne cesse d'affirmer, depuis toujours, dans ses œuvres, comme s'il avait su, bien avant d'avoir des besoins d'argent et de se retrouver seul, que la vie est faite de soifs qu'on ne peut étancher.

Faut-il ajouter que ce n'est pas de sa propre frustration qu'il parle, mais de l'inaccomplissement inévitable de la vie humaine. L'impossible achèvement de ses œuvres n'indique pas que son attitude soit subjective, il devient au contraire le symbole de l'incapacité foncière de tous les hommes devant la tâche à accomplir.

On ne trouve pas toujours une aussi parfaite homogénéité. De nouvelles structures peuvent, comme nous l'avons dit, apparaître et submerger les anciennes sans qu'il y ait nécessairement de corrélation entre deux périodes. C'est ce qui se présente par exemple tant chez Cézanne que chez P. Klee.

Jusqu'à l'époque où il s'établit à Pontoise chez Pissarro, Cézanne manifeste dans ses œuvres une grande inquiétude. Il y multiplie des obstacles qu'on ne peut éviter sans tomber dans le vide. Dans les portraits, on trouve des personnages trop grands dont la lourde présence envahit l'espace tout entier; les paysages et les natures mortes dressent de véritables murs. C'est ainsi, par exemple, que dans *la Pendule noire* on est frappé de l'importance que prend, à l'avant-plan, la nappe dont les plis verticaux, rigides, maçonnés comme une muraille occupent la moitié de la hauteur du tableau. Au-dessus d'elle sont accumulés, l'un à côté de l'autre, les éléments de la nature morte; là aussi tout est rigide, à l'exception d'un grand coquillage qui dresse sa forme souple sur un fond obscur. Une telle construction implique que tout projet s'abolisse devant les obstacles accumulés. L'absence d'aiguilles à la pendule ajoute encore une image symbolique de l'annulation du temps. Il faut remarquer en outre qu'à droite des objets, se trouve une zone vide, une sorte d'échappée qui ne mène à rien puisque tout, de ce côté, est obscur. S'il y a un avenir exprimé, il débouche sur le néant. On retrouve des caractères analogues dans le portrait de *Louis Auguste Cézanne* et dans le *Paul Alexis lisant un manuscrit à Emile Zola* avec, d'une part, dans le fond, une porte s'ouvrant sur le vide et, de l'autre, une fenêtre béante sur la nuit.

Les obstacles subsistent au début du séjour à Pontoise, notamment dans *La Maison et l'arbre,* paysage

dans lequel apparaît une ouverture qui, pour la première fois dans l'œuvre de Cézanne, débouche sur
quelque chose: un arbre fleuri et des champs. Cette
œuvre est une des premières où Cézanne applique les
procédés des impressionnistes.

Au fur et à mesure que le nouveau style s'affirme,
l'espace change et le temps exprimé apparaît tout autre.
Le paysage se développe plus largement, la touche est
légère, les couleurs vives, l'avant-plan dégagé. Rien
cette fois n'est plus à portée de main mais rien non
plus ne fait obstacle au regard ou à la marche. Dans
la *Sainte-Victoire au grand pin* par exemple, une série
d'obliques parallèles indiquent des directions vers de
grandes horizontales situées très haut dans le tableau
et manifestement à grande distance. Le point de départ
de ces obliques ne se trouve pas tout à fait à l'avant-
plan. On pourrait dire que tout est donné, dans l'immobilité et avec un certain éloignement. L'absence de
chemin véritable interdit, dans une certaine mesure,
le projet. Tout se présente comme un spectacle auquel
on ne nous invite pas à participer mais dont l'équilibre
est parfait. Il faut remarquer que ces paysages et les
admirables vues de *Gardanne* qui leur sont à peu près
contemporaines ne comportent aucun personnage. Le
même équilibre absolu et sans mouvement apparaît
dans les natures mortes et les portraits peints à la
même époque. Les œuvres imaginaires qui ont été
composées alors, des scènes de baigneurs et de baigneuses, ont le même aspect d'ordre et d'harmonie. Le
peintre y cherche la cohérence entre les mouvements
des corps souples et l'immobilité des paysages; la
symétrie et le parallélisme des gestes avec les arbres
et les rochers permettent à Cézanne de manifester la

même nécessité absolue dans ses baignades que dans ses œuvres peintes d'après nature. On retrouve aussi cette légère distance qui nous impose une attitude de spectateur. C'est un monde qui n'est ni offert, ni rêvé, mais entièrement construit pour la contemplation: « *Là tout est calme et beauté* ». Là, c'est-à-dire ni maintenant, ni ici. Cézanne tourne absolument le dos aux préoccupations qui le harcèlent dans la vie concrète, mais il affirme qu'il y a un autre univers ou, plus exactement, que le monde véritable est l'harmonie parfaite de ses peintures.

Dans sa correspondance, Cézanne dit bien qu'il ne pourra jamais vivre en paix et que les obstacles, auxquels ses premières œuvres semblaient faire allusion, existent toujours dans sa vie quotidienne; mais dans la peinture il peut construire un univers selon ses vœux, ainsi il peut affirmer que l'harmonie existe, mais à distance.

La difficulté de vivre ce cloisonnement explique peut-être que de nouvelles transformations se font jour vers 1890: l'espace se complique, l'avant-plan prend de nouveau un sens, on y voit se multiplier rochers et branchages, si bien qu'on pourrait croire à une régression vers les formes de la première manière. Les différences pourtant sont considérables. Même dans une œuvre comme *Montagne Sainte-Victoire vue de Bibemus,* où l'avant-plan est entièrement occupé par des rocs qui forment une barrière continue, la manière de peindre métamorphose tout. Les formes complexes sont comme taillées dans le cristal, les couleurs vertes et ocres et la finesse des touches régulières donnent à la pierre une sorte de transparence que n'a jamais eu la nappe de la *Pendule noire;* surtout, la partie supérieure du tableau est sur un plan différent. La montagne apparaît dans le lointain comme une promesse, un avenir se dessine au-delà des difficultés du présent. Dans d'autres paysages, des branchages encombrent l'avant-plan. cependant que s'ouvre, généralement au centre, une perspective lumineuse. La structure est bien la même, un but est visible au-delà des obstacles et il n'est peut-être pas tout à fait hors de portée.

Dans les natures mortes et les portraits, c'est l'effort pour parvenir à un équilibre qui se manifeste; là aussi, on voit très bien qu'au désordre présent pourrait succéder une harmonie. Le peintre multiplie les éléments de nature différente, c'est cette accumulation qui provoque l'inquiétude. Pour arriver à une certaine cohérence, il abandonnera l'organisation statique de l'espace pour montrer des masses mouvantes réagissant les unes sur les autres. Ainsi introduit-il, parmi les fruits de ses natures mortes, un amour en plâtre d'après Puget et quantité de draperies qui multiplient les directions et imposent des effets de profondeur qu'il évitait jusque-là. De même, dans beaucoup de portraits apparaissent nombre d'accessoires qui donnent à l'espace une singulière mobilité, particulièrement visible dans le *Portrait de Geffroy*. Ainsi, d'un univers parfait mais simple, on passe à un monde d'une complexité extraordinaire, où l'ordre n'apparaîtra qu'au prix d'un effort. Ainsi l'avenir qui se dessine dans de telles œuvres n'est pas hors d'atteinte, mais d'un accès difficile; ce qui donne à toute la production de Cézanne des dix dernières années du siècle un caractère dramatique, car contrairement à ce que nous avons observé pour Degas, les formes nouvelles chassent complètement les anciennes.

Bien qu'on soit mal renseigné sur cette période de la vie de Cézanne, on peut citer trois épisodes biographiques significatifs: La mort de son père survenue en 1886, les premières attaques du diabète en 1890 et enfin, sans qu'on puisse préciser la date, le retour à la foi catholique. Les deux premiers événements peuvent avoir provoqué des réactions du peintre, la maladie toutefois vient trop tard pour expliquer les toutes premières apparitions des nouvelles structures. En revanche, la mort de Louis Auguste Cézanne changea considérablement la situation du peintre qui vivait jusque-là d'une pension parcimonieuse que lui servait son père. Celui-ci manifestait en outre une autorité tyrannique. Paul Cézanne se trouvait donc libéré. Cependant la paix et le bonheur à quoi il aspirait ne lui furent pas donnés pour autant. Il est probable qu'il fut déçu et angoissé de se trouver dans une situation identique sans pouvoir en accuser personne désormais. Le monde parfait, indépendant du vécu, qu'il peignait, a pu dès lors, lui paraître irréel. Mais il ne lui était pas nécessaire de devenir riche et libre pour que changea sa manière de se situer dans le temps. La tension sous-jacente entre le vécu et le contemplé dans la période précédente suffit à elle seule à expliquer que l'inquiétude reprenne le dessus.

Quant à l'attitude religieuse de Cézanne, on doit certainement la tenir pour parallèle au changement qui se manifeste dans la peinture et non comme source directe de celle-ci. D'après divers témoignages Cézanne s'expliquera à ce sujet en faisant mention de ses craintes, de sa faiblesse et de la nécessité de trouver un appui. Bien qu'il soit évident que de tels propos, tenus devant des incroyants qui s'étonnaient de son

revirement, ne peuvent rendre compte de ce que fut
réellement la foi pour Cézanne, ils indiquent cependant
un désarroi assez profond.

Pour comprendre cette période où se manifeste souvent une extrême angoisse, il faut considérer les dernières œuvres de Cézanne comme son prolongement
naturel. En effet *Les Grandes Baigneuses,* la nouvelle
série de *Montagne Sainte-Victoire,* le *Portrait de Vallier*
montrent cette fois les lointains sur lesquels s'ouvrent
largement des perspectives et des formes qui se pénè-
trent mutuellement. La multiplicité des éléments ne
rend plus l'harmonie difficile puisque les masses, au
lieu de s'opposer, se compénètrent. Déjà, ce que nous
avons dit de la transparence des obstacles dans la
Montagne Sainte-Victoire vue de Bibemus annonçait
la dernière manière où plus rien n'est durci ni fermé
sur soi-même. La fluidité des atmosphères crée un
équilibre nouveau où la lumière, plus encore que la
couleur, joue un rôle essentiel.

Ce qui apparaissait déjà dans la *Montagne Sainte-
Victoire vue de Bibemus,* c'était le projet, parfaitement
exprimé puisque le but est visible, car, à la différence
de ce que montre Degas, nous ne trouvons pas ici un
objet insaisissable ou non, mais une direction à la
fois valorisée et interdite ou au moins difficile à atteindre. Lorsque les obstacles seront franchis, le monde
aura changé de forme et la Sainte Victoire elle-même,
le but, aura perdu sa dureté de pierre. Un souffle
cosmique traverse les peintures tardives. Il n'y a plus de
barrière parce qu'il n'y a plus de différence; ce n'est
pas un chemin qui mène à la Montagne mais un espace
où terre, maisons et arbres se confondent en taches
verticales où tout est marqué d'un dynamisme ascen-

tionnel. Le projet ne trouve plus d'opposition parce que tout est rassemblé dans le mouvement de la vie de toutes choses. L'ordre perdu quelque quinze ou vingt ans plus tôt est retrouvé mais, de statique, il est devenu dynamique. L'univers idéal de la contemplation a disparu pour faire place à une insertion nouvelle dans le vécu.

Le caractère même de la peinture de Cézanne pendant la période dite constructive, cette manière de chercher au-delà de toute contingence la perfection de la forme, peut expliquer la crise et, finalement, l'évolution des dernières années. Il ne semble pas qu'il en soit tout à fait de même pour P. Klee. Celui-ci, à partir du moment où il a découvert son style personnel, a surtout célébré dans ses peintures un univers en gestation. Comme les derniers Cézanne, ses œuvres ont un caractère cosmique mais P. Klee montre souvent des formes en opposition et des tensions très fortes entre les mouvements, ce qui donne un accent parfois violent à certaines de ses compositions. A la fin de sa vie, le dynamisme disparaît de ses tableaux ou change de signification.

Les aquarelles tunisiennes de P. Klee ressemblent, par certains côtés, aux versions de *Sainte-Victoire* les plus tardives. Le paysage africain se mue, lui aussi, en masses simples, formant un quadrillage où s'inscrivent les coupoles des marabouts ou des mosquées; les formes imprécises semblent glisser les unes dans les autres, il n'y a pas de frontière entre les choses, mais il n'y a pas non plus de troisième dimension; le mouvement n'est donc pas dirigé vers un horizon, il est intérieur comme la pulsion même de la vie, le battement du cœur, la respiration ou le flux des images et des pensées. Le dynamisme des œuvres de P. Klee conservera ce caractère, mais de plus en plus souvent, par la suite, le peintre inscrira des directions dans son œuvre. On sait notamment le rôle qu'y jouent les flèches; certains effets de couleur servent également à tracer des sortes de chemins. Les mouvements, imposés ainsi, vont toujours vers l'extérieur du tableau, à droite, à gauche ou en haut. P. Klee réalisera aussi, en trois dimensions, des constructions dont on peut suivre le développement au cours de plusieurs années. En 1921, il dessine une *Chambre avec habitants, vue en perspective;* la totalité de l'espace y est animée par un jeu de lignes qui se croisent et donnent à la chambre l'aspect d'une sorte de couloir: tous les objets et les personnages sont entraînés par le mouvement du tracé. Ils sont dessinés de telle sorte qu'ils apparaissent comme des objets plats insérés dans la composition. Les lignes centrales se dirigent vers une porte béante qui semble attirer tout ce qui se trouve devant nous, la totalité de la chambre et de ses habitants. La présence des figures prises dans le réseau des lignes indique bien la solidarité des individus avec le mouvement universel qui entraîne toutes choses au-delà du visible.

Le dynamisme universel est pour P. Klee à la fois ascentionnel et en profondeur. Il est probable que ses recherches sur la perspective s'expliquent en partie par la nécessité où il était de trouver une expression adéquate de cet univers en mouvement qui est comme un appel vers l'infini. Lorsque la troisième dimension n'est pas nettement évoquée, comme dans le *Ballon rouge,* les mouvements sont cependant les mêmes. Des ombres disposées à la partie inférieure et une oblique se dirigeant vers le centre, c'est-à-dire vers un carré sombre, indiquent cependant une profondeur et une direction vers le fond, c'est-à-dire vers l'obscurité de cette sorte de porte que dessinent le carré et les rectangles verts et violets qui le flanquent à droite et à gauche. Ce premier mouvement cependant est contredit ou repris en charge, comme on voudra, par un double mouvement ascensionnel: à droite, la superposition légère des rectangles de couleur aboutit au second carré noir suspendu dans un vide bleuté; au centre, le ballon dont les prolongements verticaux, nacelle et cordage, l'associent à la construction qui entoure le grand carré sombre. Il s'agit comme toujours d'un espace mobile dont l'équilibre instable trouve son sens dans l'allègement des formes et dans la transparence des couleurs, monde sans obstacle où la vie universelle nous entraîne (fig. 5).

La plus parfaite expression de cet univers en marche qui nous mène vers un accomplissement heureux apparaît sans doute dans *Chemin principal et chemins latéraux,* ce tableau où une série de rectangles de tonalités bleues couvrent toute la surface. A la partie supérieure ils forment huit horizontales alternativement bleues et roses. A droite et à gauche de la composition, les rectangles dessinent ce que le peintre appelle les chemins latéraux, zone mouvante où le rythme ascensionnel de la toile est comme contrarié par des irrégularités et des hésitations. On songe à la première direction du *Ballon rouge,* qui semble aboutir à une zone obscure. Mais, au centre, les rectangles se succèdent de bas en haut de manière à former un chemin parfaitement régulier qui coupe tout d'un seul élan, emporté par le rythme pulsionnel de la succession des couleurs, pour aboutir aux horizontales du sommet.

Une fois de plus, c'est la totalité des éléments qui suit le dynamisme général; les hésitations, les difficultés, sont comme emportées par l'élan de la vie. Il suffit de suivre le dynamisme universel pour trouver la voie large e facile (elle-même en mouvement comme un fleuve), qui est celle du tout et de notre propre existence.

Paul Klee a laissé des textes très révélateurs sur son art, notamment ses notes pédagogiques. Nous savons par là que ses recherches étaient axées sur le dévoilement des forces de la nature. Dans ses schémas, il n'insiste jamais sur le but pratique d'une action, il s'intéresse au dynamisme lui-même et à ses causes profondes. C'est ainsi que le mouvement d'une chute d'eau est commandé par la pesanteur, véritable force active, que nous ne pouvons voir, mais que l'art pourrait révéler. Un texte particulièrement significatif sert de commentaire à la flèche, et montre que c'est très consciemment que P. Klee a donné un caractère cosmique à ses peintures: « *Père de la flèche est la pensée: comment étendre ma portée vers là-bas? Par-delà ce fleuve, ce lac, cette montagne? La contradiction entre notre impuissance physique et notre faculté d'embrasser à volonté par la pensée les domaines terrestres et supra-terrestre est l'origine même du tragique humain. Cette antinomie de puissance et d'impuissance est le déchirement de la condition humaine. Ni ailé ni captif, tel est l'homme* [36]. »

Caractéristique aussi de sa pensée est l'idée que la mort survient lorsque l'homme a terminé complètement sa tâche. C'est ainsi qu'il écrit, à propos de son ami Franz Marc, tombé à Verdun: « *Je ne dis pas qu'il*

---

[36] P. Klee, *Théorie de l'art moderne*, Paris Gonthier, 1964, p. 128.

n'aurait pu se développer dans ce sens et cependant:
pourquoi mourut-il alors [37]? »

Ce sens d'une vie en mouvement à laquelle nous participons et qui nous mène vers notre véritable fin, qui ne peut être qu'un accomplissement, une manière de rejoindre l'infini va s'exprimer jusqu'en 1932. On voit apparaître alors dans l'œuvre des formes cernées d'épais traits noirs, des figures figées, des flèches dirigées vers l'intérieur de la toile; lorsqu'un mouvement général subsiste, il devient saccadé, tout différent de cette sorte de respiration paisible ou de ce mouvement passionné qui animaient les œuvres plus anciennes. On peut résumer ces tendances par rapport à l'expression du temps en disant que le mouvement est devenu dur et mécanique; il n'est plus jamais ni ascentionnel ni dirigé vers le fond de la composition, enfin il n'intéresse plus l'ensemble mais seulement certains objets qui se déplacent latéralement ou parfois d'arrière en avant ce qui semble indiquer une menace. Klee ne chante plus l'épanouissement de la vie, il désigne des agressions et des antagonismes irréductibles; souvent, des éléments totalement pétrifiés occupent toute la toile. L'angoisse est bien plus évidente dans de telles œuvres que dans celles que Cézanne peignit après la mort de son père. S'il faut parler d'événements, c'est évidemment au nazisme qu'il faut penser et aux proscriptions dont les artistes commençaient à être les victimes dès cette époque, encore que pas plus que pour Cézanne, on ne peut affirmer quoi que ce soit de sûr et de précis qui aurait déterminé un changement aussi radical. La maladie mortelle dont P. Klee se saura

---

[37] P. Klee, *Journal,* trad. Klossowski, Paris Grasset, 1959, p. 310.

atteint dès 1935 ne pourra que confirmer cette attitude pessimiste. Cependant, ici comme pour Cézanne, les formes changent avant que les premiers signes précurseurs du mal n'apparaissent.

Pas plus pour Klee que pour Cézanne, le changement n'est le reflet d'une crise passagère. La nouvelle conception du temps remplacera l'ancienne et ne cessera, jusqu'à la mort du peintre, en 1940, de s'approfondir. C'est bien toute l'échelle de valeur qui a été mise en cause et nous suivons, au cours des années, les efforts de l'artiste pour retrouver un ordre en conformité avec ce qu'il lui est désormais donné de vivre.

S'il est vrai que c'est aux approches de la vieillesse que se modifient le plus souvent les structures des œuvres picturales, Titien et Frans Hals en sont des exemples célèbres, il faut cependant remarquer qu'il n'y a pas là de connexion nécessaire. P. Klee n'avait guère plus de cinquante ans lorsqu'il s'est vu acculé à changer sa manière de peindre. Renoir traverse une crise profonde lorsqu'il est âgé de quarante ans ainsi qu'il apparaît dans son style ingriste.

Cependant, comme nous l'avons dit à propos de Degas, la biographie ne justifie pas en elle-même l'apparition des nouvelles formes. C'est le retentissement d'un événement, non l'événement lui-même, qui explique dans une certaine mesure qu'une certaine manière de vivre le temps cesse d'être acceptable, et que des modifications profondes doivent intervenir dans la peinture.

Chaque manifestation de l'insertion de l'homme dans le temps reste personnelle, le destin n'est pas affaire anonyme et le sens qu'on lui donne n'est pas rationnel, mais il est vécu de manière telle qu'il ne peut être touché par des réactions superficielles. C'est pourquoi, comme tout ce qui se situe au niveau des croyances, l'expression du temps est à la fois permanente et cohérente, elle obéit à une sorte de logique interne qui se manifeste dans l'unité profonde des œuvres d'un même artiste pendant une période relativement longue. Les changements qui l'affectent ont tous les caractères de crises qui modifient, d'une manière radicale, tous les rapports du peintre avec la réalité. C'est un bouleversement de tout l'être qu'annoncent la *Sainte-Victoire vue de Bibemus* ou les dernières œuvres de Paul Klee.

LA TEMPORALITE DU CORPS ET LA SCULPTURE

En ce qui concerne le temps, la peinture semble surtout mettre en cause le projet. Ce sont les directions, les chemins, les obstacles, la mobilité des figures qui permettent au peintre de s'exprimer. Le sculpteur ne dispose pas de tels moyens et son œuvre a un sens tout différent puisqu'elle ne fait pas la synthèse du monde visible mais occupe l'espace. Sauf dans les constructions imaginaires de type scénographique, elle ignore toute dialectique avec les objets. Il n'en reste pas moins que faire une statue, c'est exprimer la vie par l'intermédiaire de la pierre ou du métal et inévitablement prendre attitude par rapport au temps, non comme projet, mais comme potentialité d'un corps vivant. Il y a donc là un moyen privilégié d'exprimer un mode de temporalisation, auquel peuvent participer dans une certaine mesure les autres types de sculpture, reliefs ou constructions imaginaires.

L'idée qu'on se fait des rapports du corps et du temps change bien entendu avec les croyances. L'archaïsme définitif de la statuaire égyptienne lui vient de ce qu'on y affirme l'indestructibilité de la chair. Les hommes d'aujourd'hui peuvent comprendre cela, même en avoir la nostalgie, ils ne peuvent le croire. Or le sculpteur qui a taillé le Kephren en diorite ou celui qui a conçu les Ramsès d'Abou Simbel nous montre, sans hésitation, la vie pétrifiée devenue définitivement stable. Il ne s'agit pas de résurrection, car celle-ci supposerait un changement, donc un élément dramatique; ici c'est bien le vivant comme tel qui est immobilisé pour toujours et pour toujours invulnérable. Nous avons vu que de telles statues, faute de mouvement virtuel, occupent simplement le lieu où elles se trouvent, sans le modifier, cela et la pétrification absolue, sont des moyens efficaces d'exprimer l'éternité du corps. C'est donc bien l'interprétation de la matière et des rapports avec l'espace qui manifeste la durée, on retrouve ici la dialectique fondamentale de la statuaire: corps-matière-espace.

Mais si être corps c'est être vulnérable, mobile, changeant, ces divers caractères se trouveront à leur tour imposés à la terre, au métal ou au marbre qui, sans perdre leur densité propre ou leur poids, manifesteront tel ou tel aspect de la vie en métamorphose.

Certains matériaux cependant semblent naturellement voués, parce qu'ils sont quasi indestructibles, à évoquer le vieux mythe égyptien de l'éternité des corps; accepter qu'il en soit ainsi sans plus serait ignorer qu'un rapport authentique avec le corps vécu préside ici à l'élaboration de la forme. Ce qui ne peut se vivre ne peut se manifester de manière spécifique dans l'œuvre. Il semble bien qu'en notre temps, pour montrer ce qui en nous et dans les autres vivants peut se perpétuer, il faut dépasser l'aspect contingent des corps. C'est ce qui se manifeste, par exemple, dans la démarche de Brancusi.

Une des premières œuvres originales du sculpteur roumain est, comme nous l'avons vu, le *Baiser*. La stèle montre un homme et une femme enlacés, visage contre visage, étroitement unis par le mouvement de leurs bras. Les membres sont à peine dégagés de la pierre, on pourrait presque parler de bas-relief, et les deux corps liés ont la forme d'un bloc anguleux et régulier. Ainsi forment-ils une masse indissociable, que la pétrification rend éternelle, mais le geste qui les donne l'un à l'autre n'est pas figé; en dépit des simplifications, c'est bien un élan passionné. Ainsi la présence corporelle apparaît-elle comme un échange entre l'immobilité de la pierre, et l'amour vivant qui aimante les deux figures. Ce qui se perpétue ici n'est évidemment pas la chair dont on ne reconnaît l'aspect nulle part, mais l'union amoureuse de l'homme et de la femme [38] (fig. 9).

Par la suite, Brancusi poursuivra sa recherche de la durée par-delà les mouvements transitoires et les apparences contingentes. Il croit la trouver d'abord dans l'absolu d'une forme parfaite, infiniment plus pure que celle du *Baiser*. La simplification des formes l'amène aussi à la purification des matières. Les accidents de la taille ou du modelage n'ont pas plus de sens pour l'artiste que les irrégularités d'un visage; un poli parfait écartera, là aussi, toute contingence et le cuivre lisse et brillant fera son apparition dans l'atelier. C'est

[38] Il existe trois versions successives du *Baiser,* toutes trois taillées en 1908, la dernière est celle du Cimetière de Montparnasse. Celle qui figurent parmi les illustrations est la 2ᵉ version.

ainsi qu'il créera la *Muse endormie,* la courbe parfaite du volume d'une tête, puis *Le Commencement du monde* et le *Nouveau-né;* toutes ces sculptures sont des masses ovoïdes dont la forme même évoque la vie prénatale. Aucun mouvement n'est perceptible et on pourrait penser que Brancusi a sacrifié ici l'extraordinaire élan du Baiser pour atteindre la perfection formelle; dans le vivant, l'éternel apparaîtrait seulement dans l'immobilité du sommeil ou de l'inconscience. Cependant, parallèlement à ces recherches, apparaissent des portraits étranges: *La Princesse* X et *Mlle Pogany.* Là, l'immobilité se mue en gestes qui enveloppent de leurs spirales la forme originelle de l'œuf. Mais l'expression parfaite de ce qui est obscurément au centre de sa quête depuis la stèle de Montmartre est probablement l'*Oiseau.* Ses masses courbes, étirées vers le haut, donnent une synthèse remarquable du corps de l'oiseau (qu'il avait étudié concurremment aux portraits dont nous avons parlé) et de l'envol. La forme a la perfection de celle du *Commencement du monde* ou de la *Muse endormie,* le vivant ne se distingue plus de la pierre ou du métal et il est totalement élan. Le mouvement est aussi tendu par la passion que l'est l'enlacement des deux figures du *Baiser.* Ce que découvre Brancusi à cette époque c'est le corps comme signe visible d'aspirations étrangères à ce qu'il y a de contingent, de limité, de vulnérable dans son apparence, l'élan qui porte l'oiseau ou les amants ne peut se rompre, là seulement est l'éternité (fig. 10).

On pourrait cependant croire à une certaine contradiction entre ces œuvres-ci et les sculptures que Brancusi a taillées dans le bois. Il y laisse en effet souvent la marque du ciseau et, surtout, les formes resteront anguleuses et donneront parfois l'impression d'être juxtaposées. C'est ainsi que l'*Esprit de Bouddha* sera composé d'éléments superposés, cylindres réunis par des pas de vis qui évoquent un mouvement ascentionnel; ailleurs il taillera des degrés comme dans les coqs. Mais, une succession verticale d'éléments identiques donnera aussi à partir du travail du bois, la *Colonne sans fin,* qui est probablement l'expression la plus directe de ce qu'impliquent toutes ces recherches: La multiplicité des éléments repris dans un élan unique.

Là encore, toute la dialectique de Brancusi vise à retrouver le sens du corps comme signe de ce qui est plus que lui-même, ce qui implique l'invention de nouvelles formes qui évoquent le vivant sans lui ressembler. « *A quoi bon la pratique du modèle* » dira-t-il « *elle n'aboutit qu'à sculpter des cadavres* ». L'aspect accidentel est pour lui mortel parce qu'il ne peut manifester la permanence, la durée indestructible de l'élan.

La vie et la signification du temps semblent surtout spirituelles dans cet art extrêmement décanté. Bien qu'il fut influencé par Brancusi, H. Moore a pris une voie tout opposée; pas plus que Brancusi il ne croira nécessaire de nous montrer le « *cadavre* »; cependant, la vie apparaît chez lui sous son aspect biologique, le temps qu'il exprime est le plus souvent celui d'une force tranquille et irrépressible, celui des mutations de l'être en croissance et celui des gestations. Le thème de la mère et de l'enfant apparaît très tôt dans son œuvre et toujours les deux figures sont étroitement liées. Mais la naissance vue à travers la pierre devient le mystère de toute fécondité et il creusera les formes féminines, imposant encore davantage l'idée d'organisme vivant. Partout apparaîtront aussi des sortes de bourgeonnements des masses en expansion qui donnent un aspect charnel à certaines formes parfaitement abstraites (fig. 13).

Il ne faudrait pas croire cependant que de telles œuvres se bornent à traduire le rythme d'une vie animale. Ces statues que Moore voudrait « *comparables aux formes des montagnes qui rident la surface de la terre* [39] » sont toujours en éveil; même lorsqu'elles n'ont pas figure humaine, elles évoquent la conscience. La participation aux forces de la nature n'est donc pas, pour le sculpteur anglais, une manière de nier l'humain mais, au contraire, de magnifier l'*élan vital* dont, parce qu'il est conscience, l'homme réalise la valeur la plus haute. Sans qu'on puisse en aucune façon parler d'influence, mais tout au plus de croyance commune, on ne peut que souligner la parenté du déploiement d'un temps qui ne prend sens que comme participation à la vie universelle et de la notion bergsonnienne de l'élan vital, force active, libre et pleine d'inventions inépuisables, toujours au travail dans l'inertie de la matière [40]. On peut déceler aussi une certaine afinité avec le dynamisme de P. Klee. Mais cette comparaison met en lumière les différences d'expression. L'univers cosmique de P. Klee nous donne à voir ses perpétuelles mutations. Le spectateur est invité à reconnaître que ces forces en mouvement sont bien à l'image du réel et que lui-même a partie liée avec ce monde-là. C'est, selon la démarche de la peinture, une révélation de notre rapport avec les choses mais nous ne sommes pas

---

[39] W. Grohmann, *Henry Moore,* Berlin Rembrandt Verlag, 1960, p. 82.

[40] H. Bergson, *L'Energie spirituelle,* 52ᵉ éd. Paris, P.U.F. 1949, p. 24.

directement conviés à vivre avec elles. Les statues d'H. Moore déploient leurs masses en métamorphose dans l'espace où nous vivons et elles nous empruntent notre manière propre d'être volume et poids; c'est notre présence corporelle qui prend sens avec elles. Il ne s'agit plus de comprendre ce que peut être le temps universel, mais de s'éprouver comme vivant, avec ces grandes formes, ce temps, c'est-à-dire de participer avec elles à l'élan vital.

Nous avons vu apparaître parmi les réalisations de Brancusi des formes de bois très différentes des autres et qui semblent, dans certains cas, en opposition avec la signification des sculptures de marbre ou de cuivre. Quelque chose d'analogue se produit chez H. Moore. Il a sculpté, en effet, plusieurs figures de guerriers en bronze où ne se trouve plus manifesté en rien le triomphe de la vie. Ce sont des figures de blessés ou de morts, fondues dans le bronze; les effets de patine donnent un aspect corrodé aux surfaces, ce qui ajoute encore à l'impression générale de misère et de dissolution; enfin, contrairement à ce qui se passe partout ailleurs dans l'œuvre, ces figures sont instables. On peut ajouter qu'elles sont exceptionnelles. Elles nous livrent sans doute, toujours dans le cadre de la vie universelle, l'effort tragique, déséquilibré et, finalement, vain des forces qui s'opposent à son épanouissement. Leur date ne permet pas de parler d'une période pendant laquelle le sculpteur aurait été fasciné par les forces destructives; de grandes formes épanouies voient le jour dans son atelier alors qu'il travaille au *Guerrier mort* ou au *Guerrier avec bouclier*. L'aspect dérisoire de ces figures indique peut-être que c'est là une autre manière de manifester la faiblesse fondamentale et la vanité de tout effort qui irait à contre-courant de ce qui inéluctablement doit naître et s'épanouir.

Ainsi, c'est encore la durée qui triomphe dans la manifestation d'un temps où le transitoire est nié et où le contingent est enveloppé dans l'universel, où il s'enracine et prend sens. Ce sens de la permanence qu'on trouve aussi chez Brancusi est peut-être lié aux rapports étroits que l'un et l'autre sculpteurs ont entretenus avec la pierre avant de se lancer dans d'autres expériences. Les vrais modeleurs, parce qu'ils sont attirés par les mutations indéfinies de la matière, ne se soucieront guère d'exprimer la permanence des êtres; cependant il y a aussi des manières très diverses de manifester dans la glaise la présence du corps et la manière dont il se temporalise. Rodin, Lipchitz ou Armitage prendront des attitudes différentes à cet égard bien que, pour chacun, l'instabilité de la forme, toujours sujette à mutations, soit essentielle.

On trouve déjà cette mobilité, comme signe de la contingence dans une œuvre de jeunesse de Rodin, l'*Age d'airain,* bien que le sculpteur n'ait pas encore à cette époque l'audace de s'exprimer absolument en modeleur. C'est surtout l'équilibre de cette statue qui est caractéristique de la manière dont Rodin conçoit le temps. La description qu'en donne Gsell est très significative à cet égard: « *Les jambes de cet adolescent qui n'est pas complètement réveillé sont encore molles et presque vacillantes; mais à mesure que le regard s'élève, on voit l'attitude se raffermir: les côtes se haussent sous la peau, le thorax se dilate, le visage se dirige vers le ciel et les deux bras s'étirent pour achever de secouer leur torpeur. Ainsi le sujet de cette sculpture est le passage de la somnolence à la vigueur de l'être prêt à agir* [41] ». Soulignons que si les deux bras s'étirent, ils restent ramenés vers le corps et une main est posée sur la tête. Le mouvement est compris comme le passage d'un état à un autre. Rodin le souligne lui-même lorsqu'il dit que le sculpteur « *figure le passage d'une pose à une autre: Il indique comment, insensiblement, la première glisse à la seconde. Dans une œuvre on discerne encore une partie de ce qui fut et l'on découvre en partie ce qui va être* [42] ». L'instabilité est donc fondamentale. Les jambes vacillantes de l'*Age d'airain* manifestent très bien ce caractère: les deux pieds sont ramenés l'un contre l'autre et la jambe droite est en légère flexion; un tel mouvement n'annonce pas un déplacement mais une hésitation qu'on retrouve dans quantité d'œuvres postérieures, comme l'*Eve* par exemple ou même les *Bourgeois de Calais* qui semblent tourner sur place sans pouvoir choisir de direction. Il faut ajouter que le mouvement des bras de l'*Age d'airain* arrête de la même manière tout élan vertical. La figure semble manifester l'incertitude et finalement le repli sur soi. L'absence de direction dans un mouvement donné comme transitoire est très caractéristique du sculpteur. Il est à cet égard très curieux de comparer ses ébauches de danseuses aux figures modelées à la fin de sa vie par Degas. Les danseuses de Rodin sont très athlétiques; elles exécutent dans un effort violent des sortes de prouesses musculaires et soutiennent un équilibre difficile et instable qui n'annonce en rien la direction d'un mouvement futur, au

---

[41] A. Rodin, *L'Art*, entretiens réunis par P. Gsell, Paris Grasset 1911, Gallimard 1967, p. 47.

[42] A. Rodin, *L'Art*, Paris Gallimard 1967, p. 45.

contraire des figures du peintre qui suivent toujours une trajectoire.

Ainsi, le corps, pour Rodin, se meut sans cesse mais sans but. Il faut cependant tenir compte de statues montrant l'homme en marche, le *Saint-Jean-Baptiste,* l'*Homme en marche* et certains *Bourgeois de Calais.* Le poids du corps repose alors tout entier sur la jambe, très rigide, qui se trouve en avant; un bras au moins avance également. Cette attitude est interprétée par Gsell comme un moyen « *de ramener le poids du torse de son côté* (celui du bras) *pour aider la jambe restée en arrière à revenir en avant* [43] ». Ce qui est mis en lumière, c'est bien la difficulté de l'action. Un mouvement ayant une direction précise, impliquant une prise de possession de l'espace au-delà du corps et un avenir au moins esquissé, demande donc un effort considérable, une sortie de soi épuisante ou dangereuse. Ces figures restent exceptionnelles et sont probablement, comme les guerriers de Moore, une façon d'éclairer de manière négative ce qui est impliqué dans le reste de l'œuvre. Il est caractéristique à cet égard que, dans la composition de Rodin, le mouvement général des *Bourgeois de Calais,* lorsqu'ils sont groupés, est tournant. D'après l'esquisse conservée au Musée Rodin, les personnages en marche exécutent un mouvement de rotation autour des personnages immobiles. Il faut ajouter que le mouvement ascentionnel de l'*Age d'airain* est exceptionnel, la majorité des figures de Rodin ramènent les bras vers le corps et, de plus, inclinent le torse comme attiré par le sol. Cette attitude apparaît aussi bien dans *Eve,* que dans les

---

[43] A. Rodin, *L'Art,* Paris, Gallimard 1967, p. 49.

Ombres dans *Celle qui fut la belle Heaulmière* que dans les *Bourgeois de Calais*. Partout se retrouvent manifestées à la fois une vie frémissante toujours en mouvement et l'inquiétude qui force, faute de but désigné, à renoncer à l'action efficace. On retrouve la même manière de considérer le destin dans une série d'œuvres où le sculpteur s'intéresse au passage de la boule de glaise ou du bloc de pierre vers la statue achevée. Chaque fois il juxtapose une forme absolument terminée et la matière brute. On ne se trouve donc jamais devant la gestation de l'œuvre qui s'annoncerait à partir d'éléments encore informes, ce qui serait une manière de donner sens et direction au temps vécu, mais simplement devant l'opposition du vivant à l'inerte. Ainsi, la *Source* est-elle représentée par un corps de femme complètement modelé reposant sur le bloc d'où sensément il est sorti. La *Pensée* sera figurée par une tête reposant sur une masse de pierre. Comme Rodin a toujours préféré le modelage, on peut admettre que le passage de la pierre à la forme n'a pas beaucoup de sens pour lui. Ce n'est plus le cas lorsqu'il montre la *Main de Dieu* et, dans cette main, la boule de terre de laquelle surgit l'être humain; mais, là encore, la figure est achevée. Ainsi, nulle part n'apparaît le sens de la métamorphose qui s'accomplirait sous nos yeux, mais seulement le caractère contingent de la présence humaine face aux matériaux bruts. Vivre le temps, c'est donc changer sans cesse sans savoir vers quoi nous poussent les mutations et les métamorphoses, c'est rester toujours en suspens dans l'inaccompli. Le sens donné à la présence corporelle ne changera guère au cours de la carrière du sculpteur, mais l'expression sera de plus en plus liée aux gestes du modeleur. C'est ainsi que l'*Age d'airain* est plus corps que glaise ou bronze, le modelé complexe est conforme à l'anatomie alors que, plus tard, dans l'*Eve* par exemple, le morcellement des surfaces aura une tout autre source; ce sont les traces de l'ébauchoir et des doigts qui leur donnent un aspect frémissant; à plus forte raison, les œuvres des dernières années évoquent-elles directement par le contact avec la terre la mobilité et l'inquiétude qui hantent Rodin. C'est vraiment le contact de la main et de la terre, l'évocation de masses encore malléables qui donnent leur sens aux formes en mutations des *Bourgeois de Calais* et du *Balzac*.

Choisir de s'exprimer par le modelage, c'est déjà manifester une certaine attitude par rapport au temps, c'est affirmer la mobilité, le changement, l'instabilité des formes. Mais cette donnée fondamentale est sujette elle-même à toutes sortes de modifications. Il suffit de regarder une œuvre de Lipchitz pour voir qu'il est possible de trouver des significations, bien différentes de celles de Rodin, à partir de la manipulation de la terre.

Influencé par la peinture cubiste, le sculpteur a eu grand-peine à découvrir le sens de son action. Ses premières œuvres sont extrêmement rigides et les mouvements n'y apparaissent qu'au prix de la désarticulation des formes. On peut croire que Lipchitz ne se trouvait pas à l'aise dans ses propres compositions anguleuses et d'un schématisme dur, qui ne correspondent pas du tout à ce qu'il fera par la suite. On pourrait admettre qu'il y a à ce moment quelque chose d'analogue à ce qui s'était produit dans les débuts de Cézanne; de toute manière l'indice d'un malaise apparaît dans certains titres comme le *Pierrot prisonnier* et certains textes comme celui où Lipchitz avoue avoir voulu faire une sculpture « *aussi pure que le cristal* » et il ajoute: « *que connaissé-je de la nature du cristal sinon qu'il n'a pas de vie organique, moi qui voulais précisément être un bâtisseur de vie* [44] ». Le terme bâtisseur est significatif de ces démarches; en effet, dans cette première période, il travaille le plus souvent pas juxtaposition. Vers 1926, des formes *transparentes,* c'est-à-dire faites de rubans de métal, donneront une première formule de mouvements libres. On retrouve encore des traces de cette facture dans le *Chant des voyelles*. Déjà aussi, on voit là l'expression d'un certain dualisme qui se limite encore à l'opposition d'éléments libres et mobiles à des formes massives plus stables (fig. 14). Il faudra très peu d'années pour dépasser ce stade, l'étreinte et le combat deviendront les thèmes essentiels du sculpteur qui, désormais, expérimente les significations les plus spécifiques du modelage. Chaque fois, il choisit de montrer l'instant où les corps se joignent; la rencontre transitoire est l'origine de mutations imprévisibles; une nouvelle unité organique peut surgir, comme on le voit dans le *Chant des voyelles*, mais du désordre des mouvements peuvent naître aussi le déchirement et la destruction. L'expression sera donc toujours lyrique, souvent tragique; seuls les grands élans passionnés peuvent trouver sens dans ce débordement de vie en perpétuelle transformation. Mais il faut tenir compte de ce que l'instant choisi est bien celui du combat. L'issue peut être douteuse, cependant on se trouve très loin des oscillations inquiètes de Rodin; c'est toujours vers un changement total que l'on

[44] Lipchitz, *Lettre* reproduite dans le catalogue de son Exposition au Palais des Beaux-Arts de Bruxelles 17 janvier-28 janvier 1959.

va, c'est la nature de ce changement qui reste en suspens, non son caractère radical. La rencontre de l'autre, sujet habituel de Lipchitz, qu'elle soit accueil ou bataille, est l'origine d'une mutation qui engage la totalité des êtres en présence. C'est là une conception violente et pathétique du temps qui n'épuise, pas plus que les conceptions de Rodin, les pouvoirs d'expression du modelage dans ce domaine.

LA MORT

La statue semble destinée à manifester la persistance de la vie. Un grand nombre de sculpteurs en sont très conscients et ils défendent la signification de leurs œuvres, qu'elles soient abstraites ou figuratives, en essayant de montrer que c'est bien la vie qu'ils expriment; même les hésitations d'un Rodin vont encore dans ce sens et il faut ajouter que l'union de valeurs propres au corps et d'une matière impose en outre l'idée de la pérennité de la forme ainsi constituée.

C'est ce qui explique sans doute la vocation funéraire de la statue. Tout ce qui est lié au culte des morts est fait pour manifester la persistance de l'être humain au-delà du dernier soupir. Les œuvres destinées aux tombeaux seront naturellement vouées à proclamer la survie en montrant la pérennité du corps mué en statue. C'est aussi vrai des Egyptiens taillant l'image destinée à être un double éternel du corps, que des chrétiens du Moyen Age. Ceux-ci persuadés que l'âme se séparait du corps, ont montré le mort couché tranquillement en attendant la résurrection du dernier jour, se refusant presque toujours, par foi, ou par crainte, de faire voir la désagrégation de la chair et des os. Si bien que les gisants des cathédrales nous assurent de la durée des corps aussi bien que les statues d'Egypte. Chose étrange, lorsque, à la Renaissance, on exprime la raideur cadavérique dans l'effigie du mort, cela ne change rien. Si on considère, par exemple, le gisant d'Henri II à Saint-Denis, on voit bien que cette forme de marbre qui a les apparences d'un cadavre ne peut changer; c'est là de la pierre et la rigidité des muscles s'associe bien à sa dureté. Il y a cependant quelque chose de dramatique dans l'image, d'autant que, comme on sait, est étendu sur la même couche un autre gisant, celui de la reine Catherine de Médicis auquel le sculpteur a laissé l'apparence de la vie. Si étrange que cela puisse paraître, c'est le corps de Catherine qui évoque le changement, parce que son aspect plus charnel implique une certaine vulnérabilité. Le mort, au contraire, semble avoir acquis son aspect définitif. Si quelque chose a changé, c'est peut-être la foi en la résurrection finale, mais le corps reste le signe de la persistance de l'individu.

On a cependant cherché, précisément au Moyen Age, à manifester la désagrégation des chairs. Cependant cette destruction n'est pas liée à l'idée de la mort mais du péché. Pour y parvenir, les sculpteurs ont réalisé des figures aux chairs pourrissantes, rongées de vers, se désagrégeant en quelque sorte sous nos yeux; c'est ainsi qu'ils représentent la luxure, c'est ainsi qu'on voit le dos du *Prince de ce monde* dont la face ne porte pas trace du mal et dont les vêtements dissimulent en partie les tares. A la Renaissance, précisément à l'époque où on sculpte le cadavre d'Henri II, on imaginera ainsi les transis sur certains tombeaux et, là, on peut dire que la certitude de la destruction du corps entraîne une angoisse qui cette fois est manifeste. Le tombeau avec des agenouillés, des bustes, voire d'amples allégories, retrouvera bientôt son aspect rassurant, ce qui marque sans doute combien les images des transis étaient difficiles à supporter. On voit aussi que le seul procédé qui a pu être utilisé dans une perspective réaliste est la destruction de l'épiderme qui implique que la pierre ou le bronze sont eux-mêmes attaqués par la corrosion. Ce n'est donc pas l'image d'un mort qui est efficace. Ni cadavres, ni squelettes ne nous annoncent réellement la perte de notre corps parce que, taillés dans des matières impérissables, ils paraissent nous présenter un état permanent, or la destruction seule peut nous annoncer une mutation définitive de notre présence dans l'espace. C'est donc elle qui doit apparaître lorsqu'on voudra témoigner contre la vie. C'est dans la mesure où la forme perd sa cohérence que la pérennité imposée par la matière devient moins évidente; la complication de certaines formes de transis, mi-squelette, mi-lambeau de chair, montre bien la démarche qu'il est nécessaire de suivre dans ce sens.

Les sculpteurs contemporains ont multiplié les procédés pour exprimer les menaces de destruction qui pèsent sur le corps humain ou sur toute présence corporelle. On ne peut voir là une contradiction par rapport au vitalisme triomphant qui se manifeste souvent chez les mêmes artistes, par exemple chez Moore ou chez Lipchitz. A la Renaissance, c'est au moment même où l'on exaltait la parfaite architecture du corps humain et où Michel-Ange exprimait par des formes tumultueuses une vie en expansion, qu'apparaissent les transis; c'est la contrepartie naturelle de l'exaltation des valeurs corporelles. Les figures éventrées du *Pèlerin* de Lipchitz ou de la *Tauromachie* de G. Richier, de même que les *Guerriers* d'H. Moore se rattachent à la manière classique d'affirmer la destruction imminente du corps. Moins réalistes cependant que les œuvres de naguère ces statues sont peut-être plus expressives parce que les effets de patine, les déchirures, les corrosions attaquent semble-t-il la matière, qui est le gage habituel de l'éternité de la forme. On ne nous montre plus simplement l'image d'un corps en putréfaction; la désorganisation atteint le métal ou la pierre, la matière elle-même est engagée dans le processus mortel. Cela permet, sans passer par aucune image, d'étendre l'idée de la mort à tout ce qui vit et se dresse dans l'espace, les forages et les aspects irréguliers des surfaces suffisent pour nous montrer que toute matière porte en elle des germes destructeurs; c'est ce qui donne un caractère tragique à des œuvres presque abstraites, comme les grandes feuilles de métal de Consagra.

Il va de soi que l'introduction des techniques de montage permette aussi de manifester ce qu'il y a de précaire dans un ordre où les parties sont assemblées de telle façon qu'on ne peut plus croire à leur unité organique. Cependant, il est évident que des formes comme celles de Gonzalez conservent un ordre et une netteté qui n'impliquent nullement un changement radical; en revanche, dès que l'incohérence apparaît dans de telles structures, on voit se profiler l'image de la mort. C'est ce qui se passe pour un certain nombre de personnages de R. D'Haese lorsque le sculpteur insiste sur la faiblesse des joints, épaissit les soudures et marque des failles dans le montage. Les différentes parties ne sont pas définitivement agencées et tout est prêt à se dissoudre. L'usage de matériaux divers peut facilement donner le même résultat; ainsi lorsque Paolozzi introduit dans les surfaces de ses personnages et de ses animaux des boulons et des pièces de machines, c'est faire apparaître un processus de désintégration; l'instabilité de la forme rend cet aspect inquiétant encore plus manifeste. Ainsi pourra-t-on écrire au sujet de Paolozzi: « *Ses personnages ont l'air de robots rapiécés et titubants, rescapés de quelque holocauste atomique* [45] ». On retrouve ici, mais utilisée avec une ampleur toute nouvelle, la difformité que les sculpteurs médiévaux introduisaient dans les statues de la luxure. L'incohérence de la forme implique non seulement un changement destructeur mais encore un horrible morcellement. Ainsi le temps qui apparaît ici n'est-il pas seulement celui de la mort, mais celui du cataclysme; on retrouve des expressions analogues dans certaines formes tirées de machines, notamment d'automobiles, par César. Ces assemblages chaotiques tirent leur force d'expression d'allusions à un ordre préexistant ou à un être vivant, c'est ce qui leur donne un caractère dramatique qui n'apparaît guère dans les formes abstraites où le processus de mort est comme une lèpre qui toucherait la matière seule, sans atteindre le vivant.

LA DURÉE INDÉFINIE

Dès qu'apparaît la vie, se manifeste une certaine discontinuité du temps; même la stabilité des dieux

[45] M, Middleton, dans *Dictionnaire de la sculpture moderne*, Paris, Hazan, 1960, p. 231.

et des morts égyptiens le montre, car elle apparaît comme un état de repos et d'équilibre définitif de ce qui, à l'origine, était contingence et mouvement. Même figées dans la pierre, les formes du corps conservent la complexité originelle d'un organisme. On pourrait parler de temps arrêté. À plus forte raison, toutes les formes mobiles de la sculpture occidentale manifestent-elles certaines tensions qui sont en rapport direct avec la manière dont on peut vivre le temps, comme une dialectique du présent et du devenir. Représenter, même sous une forme très allusive, le corps c'est, inévitablement, faire référence à cette dialectique. C'est donc uniquement dans l'art non figuratif qu'on pourra exprimer une structure du temps étrangère à la vie; encore, dès qu'apparaît un enracinement qui ressemble au nôtre, dès que la pesanteur se manifeste et un équilibre complexe, nous nous sentons de connivence avec ce qui ne nous paraît plus simplement un objet, mais une manière d'être dans l'espace analogue à celle de notre propre corps; un avenir se dessine qui introduit les incertitudes, les angoisses ou la foi liées à la vie.

En revanche, si l'objet sculpté semble échapper à toutes les conditions de notre présence spatiale, nous pouvons en faire un objet de pure contemplation et y déchiffrer des structures du temps qui ne sont en rien les nôtres. La continuité indéfinie peut ainsi être exprimée par des formes abstraites, particulièrement lorsque le volume et les masses n'apparaissent pas. C'est ce qu'a réussi parfaitement Max Bill par ses rubans de métal qui se déroulent indéfiniment; il est évident qu'ici le mouvement est tout à fait étranger aux contingences de la vie; la durée devient nécessaire, elle ne peut être interrompue par aucun accident; ni l'idée de la mort, ni la complexité inévitable de tout être qui respire ne viennent perturber cette image de l'éternité, c'est-à-dire d'une manière de se temporaliser qui nous est tout à fait étrangère. Il en va de même pour les constructions de Gabo ou de Pevsner; là aussi l'usage de matériaux qui ne peuvent évoquer le poids permet de présenter ce qu'on pourrait appeler des formes objectives du temps.

Ce temps, inhumain par sa régularité et sa perfection, ignore bien entendu les pulsions ou les ruptures du présent et le passé; il est pur avenir se déployant sans obstacle dans un mouvement perpétuel ou un équilibre absolu.

Echappant à la fois à la vie et à la mort, nous échapperions à notre condition propre, c'est pourquoi de telles formes nous fascinent. Elles nous présentent le temps idéal, parfait, qui est hors de notre pouvoir, celui que nous pouvons contempler dans les abstractions mathématiques ou la géométrie, mais que nous ne pourrons jamais éprouver.

LE TEMPS ET L'ORDRE ARCHITECTURAL

Le bas-relief est une projection cohérente de l'espace du même type que la peinture; il va de soi qu'en dépit de l'ambiguïté fondamentale qui lui vient d'un rapport différent avec la technique et la matière, le temps est exprimé dans de telles œuvres par l'ensemble de cette projection.

En revanche, le haut-relief et la sculpture architecturale posent, ici comme ailleurs, le problème d'une insertion très particulière dans l'espace; volumes et mouvements sont en effet ordonnés par les formes architecturales qui les unifient. Le portail d'une cathédrale n'est pas fait d'une série de sculptures ayant leur expression propre, chacune d'elles est intégrée à l'ensemble et le portail lui-même trouve sa pleine signification dans le contexte de la façade entière. C'est ainsi qu'à Notre-Dame de Paris, l'équilibre cohérent et logique de la façade s'impose de fait à toutes les statues, dont les mouvements ne pourront jamais apparaître que comme des accidents sans beaucoup d'importance à l'intérieur d'un ordre sans faille; il n'en va plus de même pour les sculptures des monuments baroques, le mouvement général de l'architecture ne forme plus là un cadre rigide et les hauts-reliefs peuvent exprimer un vitalisme débordant sans qu'aucune structure ne limite apparemment leur expansion. Mais cela suppose que le bâtiment tout entier soit emporté par ce mouvement. Ce sont donc encore les formes générales qui imposent leur sens aux sculptures.

Ce sens est pourtant celui d'une intrusion de la vie et d'un temps dans lequel interviennent ou peuvent intervenir des tensions. Les cariatides grecques sont bien des éléments portants, de véritables colonnes et, à l'époque classique, on insiste sur leur rôle architectonique en évoquant les canelures des colonnes par les plis du vêtement et en évitant tout ce qui pourrait donner un aspect fragile à la figure; cependant la statue n'est pas rigide, son équilibre n'apparaît pas comme acquis une fois pour toutes, la contingence de la vie contraste avec ce que peut avoir de rigoureux la construction de l'édifice, supporter un poids est radicalement différent pour un corps, fût-il pétrifié, ou pour une masse de pierre, eût-elle la légèreté d'une colonne ionique. Et avec cette image du corps s'introduit le temps humain dans le rythme architectural, le mouvement spontané, la liberté de l'action se profile comme un possible, et l'ordre qui subsiste devient maîtrise de soi. L'autonomie relative des cariatides rend d'ailleurs très difficile leur intégration parfaite à l'architecture: Simples statues, leur situation est absurde, c'est leur assimilation partielle aux structures du bâtiment qui leur donne sens et leur permet d'exprimer une certaine forme de temps. A la même époque, la composition des frontons où peuvent se déployer toutes sortes de mouvements a un sens analogue puisque tous les groupements sont organisés en fonction du triangle auquel sont adossées les figures.

Tout haut-relief est pris nécessairement dans une dialectique analogue, sa signification n'apparaissant jamais que par rapport à l'ensemble dont il fait partie. Mais il est toujours possible de se servir de cadres sans en accepter les limites. Lorsque Rodin conçut la *Porte de l'enfer,* il y voyait surtout un prétexte à grouper des thèmes complexes et ne se souciait guère de conserver des éléments rigides en contraste avec ses figures. Il dissimula dans le mouvement des corps les montants et le linteau, perdant ainsi le bénéfice de l'organisation architecturale. La contingence d'une vie inquiète se manifeste donc là autant que dans ses statues isolées. On peut dire que l'idée même d'un ordre architectural est détruit ici par l'excès de masses en mouvement.

Cette annihilation de l'architecture peut se produire aussi lorsque la construction de base n'est pas l'œuvre d'un sculpteur. Certaines façades ont été surchargées de motifs qui ne permettent plus une lecture claire des structures; c'est plus fréquent encore pour les retables dont les sculptures peuvent masquer et contredire les lignes générales dans une exubérance qui apparaît comme le triomphe de la vie sur tout ce qui tend à la limiter.

Même alors, le temps reste différent de celui de la statue; la complexité des formes qui sont en jeu introduit toujours des éléments de contraste. Mais c'est surtout l'absence de pesanteur qui est la différence radicale. Ces sculptures en effet peuvent se projeter vers n'importe quel point de l'espace en ignorant la loi de notre enracinement; elles peuvent donc, comme la peinture, construire des rapports complexes entre les choses représentées et non vécues. Cependant, les masses, la matière demeurent impliquées et conservent aux reliefs comme aux statues une ambiguïté telle que la totalité de l'espace ne peut jamais être envisagée comme le lieu du projet, mais comme une organisation préexistante à quoi la vie se trouve opposée ou soumise. Cela est vrai encore lorsque la structure de base est un simple mur sur lequel se détache la sculpture. C'est à partir de ces données que le temps vécu pourra apparaître.

Si les structures spatiales expriment, comme nous le croyons, des rapports vécus avec l'espace et avec les objets de la perception, il ne peut être indifférent de peindre une femme nue ou un paysage; le choix du motif est lié à un certain ordre de valeur dont il est le mode d'expression privilégié. Ce n'est pas le charme de telle chose particulière qui détermine la sélection mais son pouvoir d'expression. L'image ne se limite pas à la représentation, même dans une option réaliste, elle a un sens métaphorique.

L'adoption d'un motif iconographique, autrefois liée à la commande, dépend toujours, pour une grande part du milieu. On sait qu'au Moyen Age et à la Renaissance des théologiens et des lettrés donnaient aux peintres des indications précises sur les épisodes et les personnages qu'ils souhaitaient voir figurer dans un tableau, ce qui semble assujettir l'artiste à des thèmes entièrement imposés du dehors. En fait, lorsque les membres d'une gilde commandaient un Saint-Sébastien, ils rencontraient le plus souvent les vœux du peintre, la légende de l'archer était pour lui aussi chargée de significations que pour eux et la composition, dans ce qu'elle a d'essentiel, était laissée à sa discrétion. Grâce à cette liberté relative, le sujet imposé pouvait prendre la coloration que lui imposerait le peintre. A comparer entre elles diverses représentations de ce genre, on s'aperçoit sans peine qu'en dépit de schèmes presque identiques les œuvres sont très différentes les unes des autres.

Lorsque les artistes proposèrent à leurs acheteurs des tableaux terminés, le choix du sujet fut désormais de leur ressort. Il resta étroitement lié cependant à ce qu'on pourrait appeler le langage iconographique d'une époque.

La lecture de Lord Byron est commune à Delacroix et à ses contemporains; il en va de même pour Walter Scott. La description de la mort de l'évêque de Liège, telle qu'elle est contée dans *Quentin Durward,* est une référence commode pour se faire comprendre d'un certain public d'autant plus que, dans le roman, le meurtre a déjà un sens qui dépasse tout ce qu'il y a de purement contingent dans l'épisode historique. Sacrilège et violence y sont confondus dans un climat d'horreur, c'est donc à cela, c'est-à-dire au sens métaphorique déjà reconnu par la majorité des lecteurs de Walter Scott, que le peintre fera allusion. Par ailleurs le texte donne une série d'indications qui pourront guider sa main à peu près comme les schèmes d'autrefois inspiraient les compositions des retables. On est donc très près de la situation ancienne, les personnages, leurs actions, certains détails, apparaissent comme les termes d'un langage commun entre le peintre et son public; ils sont acceptés par eux et annoncent une première signification à quoi adhèrent les uns et les autres, ici, par exemple, le rapport de la violence et de l'horreur. L'interprétation du peintre, si elle est authentique, donnera une nouvelle version de la métaphore en l'intégrant aux structures de l'espace. C'est ce qui explique les désaccords qui peuvent surgir. A ce niveau l'image est un bien commun mais le peintre peut en approfondir ou en modifier le sens et, par là même, se séparer du groupe dont elle est issue.

La situation n'est pas radicalement différente lorsque les sujets ne sont pas d'origine littéraire. C'est ainsi que les paysages ruraux de Constable étonnèrent les Anglais à cause de leur facture non à cause de leurs sujets. La vie des champs était, pour les citadins de l'époque, une sorte de paradis perdu, comme elle l'avait été naguère en Hollande pour des raisons analogues. L'extension de la vie urbaine imposait ce choix aussi bien à Constable lui-même qu'aux amateurs de tableaux. Mais ceux-ci ne reconnaissaient pas leur campagne dans ce monde noyé de boue et imprégné de vapeurs, toutes les formes s'y mêlaient dans la confusion d'une atmosphère où toute individualité se perdait; ce retour aux rites des saisons, ils n'osaient l'évoquer d'une manière aussi radicale; se perdre dans la nature, c'était pour la plupart aller trop loin, en dépit de la nostalgie commune. Bien qu'il n'y ait pas de texte où puiser les éléments de la représentation, on voit qu'il y a cependant un langage commun; les fermes, les prés, les chariots rustiques ont pour tous valeur mythique; ils représentent un mode de vie perdu, un accord avec le sol et le monde végétal qui fascinent les uns et les autres. L'interprétation de Constable va en réalité dans le sens de celle de ses contemporains mais elle le fait avec tant de force qu'elle est difficilement acceptée.

Si la plupart des sujets de tableaux se réfèrent à des images communes à tout un groupe, cela explique leur extrême cohérence à certains moments et dans certains lieux. C'est ainsi que le divertissement sous des formes multiples est presque le seul sujet traité à Paris par les peintres de la fin du XIX° siècle. Une nouvelle mythologie remplace les références littéraires des romantiques et on représente tout ce qui peut procurer un bonheur fugace ou un plaisir sans lendemain comme si l'on voulait échapper à la tension provoquée par les amours tragiques et les violences passionnelles des personnages de Delacroix ou de Géricault. Le café-concert, la brasserie, le champ de course, la partie de campagne, le cirque, voire les maisons closes fournissent de nouveaux personnages à la fois familiers et étranges qui envahissent aussi bien la toile peinte que les romans. L'esprit qui préside à une telle sélection semble n'avoir qu'un seul pôle d'intérêt, le plaisir. On admettra donc facilement que c'est l'époque et le milieu parisien qui expliquent l'apparition des danseuses de Degas, des brasseries de Manet, des parties de bateau de B. Morisot ou de Monet et, plus tard, des filles de Toulouse-Lautrec et des balladins de Picasso.

Le peintre se trouve dans la même situation que ses contemporains; il est naturel qu'il partage leurs mythologies, et qu'il accorde la même valeur aux objets qu'il trouve sur son chemin. Il choisit de peindre un cheval ou une corbeille de fruits parce que ces choses sont pour lui chargées de sens; ces mêmes objets attirent aussi d'autres gens, incapables d'en faire un tableau, mais susceptibles d'y découvrir les symboles d'une certaine manière d'être au monde qui les séduisent ou les fascinent. S'inspirer d'une assiette de pommes, plutôt que d'un sujet biblique c'est donc, dans la plupart des cas, se conformer au langage iconographique de son milieu. Ainsi le peintre dispose-t-il d'un répertoire, relativement réduit, de thèmes qui l'intéressent au même titre que son public. Mais son rapport personnel avec les images en modifiera le sens.

Le milieu évoqué de cette manière peut être relativement réduit. Les thèmes littéraires, par exemple, ne touchent qu'un public de lettrés et parmi ceux-ci les amateurs de tel ou tel genre. L'artiste peut croire ses allusions fort claires pour tout le monde alors qu'elles ne touchent qu'un petit groupe d'initiés, et cela est aussi vrai pour la *Mort de Sardanapale* de Delacroix, qui fait allusion aux textes de Lord Byron, que pour les *Danseuses* de Degas qui ont tout leur sens aux yeux des seuls amateurs d'opéra. Dans une société complexe, le choix de l'image témoigne par conséquent de l'appartenance à un certain groupe. Ce clivage correspond plus ou moins à des classes sociales. L'Opéra, par exemple, est le lieu de rencontre d'un certain monde et son public ne se limite pas aux amateurs de musique vocale et de ballet. Le spectacle s'accompagne d'autres rites, une manière de s'habiller, d'entrer en relation, même de se divertir qui reflète les mœurs de la bourgeoisie de l'époque. Cependant, le sens de l'image a un retentissement qui dépasse les préoccupations du groupe dans la mesure même où elles s'accordent avec d'autres expressions contemporaines; ainsi en va-t-il des formes de divertissement des dernières années du XIXe siècle. Les danseuses propres au milieu bourgeois de Degas rejoignent les personnages plus populaires du café-concert et du cirque; c'est donc le spectacle qui est en cause, avec tout ce qu'il apporte de faux-semblant et d'émerveillement, de technique précise, épuisante et de jeu gratuit.

ESPACE ET MÉTAPHORE

Si l'image fait partie d'un répertoire commun, sa signification dépend de la manière dont elle s'intègre à la peinture. Si l'iconographie prend le pas sur les structures expressives, l'attention est attirée exclusivement sur le représenté et la métaphore est détruite ou rendue incompréhensible. C'est ce qui se produit, nous l'avons vu, chez nombre de débutants qui s'accrochent au sujet et à son sens littéral sans que la signification soit reprise en charge par les formes. C'est ce qui est arrivé au jeune Degas lorsqu'il peignait des sujets historiques, c'est aussi ce qui se manifeste dans les gravures de la première exposition de P. Klee. Ces œuvres représentent quelque chose mais n'évoquent rien, ou l'évoquent à contresens comme nous l'avons vu à propos de la *Scène de guerre au Moyen Age* de Degas, là où les structures picturales sont en contradiction avec le sujet.

Associée à toutes les structures de l'espace, l'image pourra révéler son sens. Une montagne est un simple accident de terrain, même une cime apparue dans le lointain n'a pas a priori de signification. Seules les couleurs et les formes, les transparences, les lumières manifesteront qu'il s'agit d'un but à atteindre plutôt que d'un horizon lointain, seules elles feront des rochers des obstacles statiques ou des formes en mutation. La *Montagne Sainte-Victoire* n'est qu'un site entre bien d'autres, la peinture de Cézanne en transposant toutes les données du paysage, révèle les rapports de son apparition lointaine et de la condition des hommes.

Une danseuse et un cheval de course ne sont pas, en principe, des images interchangeables, mais ils peuvent pour Degas avoir le même sens métaphorique et s'intégrer par conséquent de manière identique dans ses compositions: l'objet du désir, toujours en fuite, trouve en eux des images adéquates; la danseuse et le cheval sont effectivement de beaux objets, éventuellement désirables, mais toujours à distance. Ils font partie d'un spectacle et leur essence même est d'être mobile. Ce sont les lignes et l'organisation colorée de l'œuvre qui leur conféreront cette signification découverte, entre bien d'autres qu'ils pourraient avoir. En revanche, le représenté comme tel est tout entier repris en charge dans cette signification unique. La danseuse n'a plus aucun rapport avec une certaine danseuse qui aurait pu servir de modèle, ni avec le monde *pittoresque* de la danse, elle incarne le mythe du désir. La notion spectacle-divertissement, qui explique le choix de Degas, est bien à l'origine de ce qu'il dévoile, mais le peintre va plus loin que le spectateur d'opéra, il découvre le sens de la fascination et de l'émerveillement de ce qui est nécessairement hors de notre portée; la danseuse, plaisir des yeux, instant agréable, devient dans le tableau le symbole d'un projet toujours tendu vers ce qui lui échappe.

La même base iconographique autrement intégrée prend un sens tout différent. Les courses de Géricault, de Toulouse-Lautrec ou de Manet, celles de Dufy montrent les mêmes choses, font référence à des données identiques issues des préoccupations de groupes sociaux analogues en dépit de différences d'époque. Mais il est bien évident que ces œuvres n'ont rien de commun entre elles et ont une signification toute différente des champs de course de Degas. Cependant, la présence des chevaux et des jockeys n'est un élément secondaire dans aucune d'elles. C'est autour du sens métaphorique que peut avoir la course que se construit aussi bien la violence du *Derby d'Epsom* de Géricault que le papillonnement heureux des *Paddock* de Dufy. L'image prend sens par les formes, mais ce sens n'est pas arbitraire, ni surajouté, il rejaillit en quelque sorte sur le représenté, la course devient naturellement symbole de tout ce qu'en elle les peintres ont pu découvrir de signification. Ainsi il apparaît que si le thème iconographique est bien d'origine sociale, son sens profond ne peut apparaître que dans le réseau des lignes et des couleurs construisant l'espace dont il fait partie; il ne peut jamais se réduire à un jeu de comédiens *dans* un décor; le thème et la construction spatiale ne font qu'un. Mais cette unité est acquise par un rapport personnel de l'artiste avec l'image. Dans la plupart des cas, elle lui est imposée par le groupe auquel il appartient, mais c'est sa démarche propre qui en révèle le sens. Celui-ci peut alors être accepté par le public qui retrouve dans ces formes ce que lui-même pressentait; il peut aussi être considéré comme trop radical comme on l'a vu à propos de Constable; de toute manière, il donne à l'image des dimensions imprévisibles parce que, en la donnant à voir, il en précise en quelque sorte les contours et en définit les implications dans une voie déterminée.

LA PERSISTANCE DES IMAGES

Le rapport personnel de l'artiste et de l'image ne se limite pas là. Le choix lui-même, si restreint qu'il puisse être, est significatif. La cohérence espace-temps-image est dans son unité organique le propre de chaque artiste. Certains motifs sont, en effet, repris constamment parce qu'ils offrent un attrait particulier pour le peintre. Ces images persistantes peuvent être des formes abstraites, un simple disque en suspens comme ceux que multiplie Kandinsky dans ses toiles pendant plusieurs années ou un réseau de lignes lancées dans une sorte de vide lumineux par Hartung ont picturalement un sens analogue aux chevaux ou aux femmes dont nous parlions plus haut.

Cependant, le choix d'une image peut se faire pour des motifs superficiels, elle peut être imposée par une commande; un pari, une occasion quelconque peuvent enrichir l'iconographie d'un peintre; il se peut que le motif prenne cependant sens et s'intègre d'une manière organique à l'espace. S'il reste occasionnel, c'est affaire de hasard, d'influence subie et il n'y a rien de personnel dans un tel choix. Il en va tout autrement lorsque le même thème est traité longtemps et de préférence à tout autre. La réussite n'est pour rien dans l'abandon ou la reprise d'un thème. C'est ainsi qu'en dépit de la qualité et de la célébrité du tableau, il faut admettre le caractère tout à fait épisodique de l'*Absinthe* de Degas. Aucune autre scène de brasserie ne figure en effet dans son œuvre. En revanche, plusieurs peintres impressionnistes, et notamment Manet, ont traité ce sujet. La curiosité de Degas, son goût des expériences ont pu le porter à faire lui aussi un tableau de

ce genre. En pleine possession de ses moyens, il arrive
à s'y exprimer de manière originale. Mais l'abandon
immédiat du thème montre bien que rien de ce qu'il
montre là, table de café, verres, cliente et client, miroir
ne sont pour lui de véritables métaphores, comme le
sont en revanche les danseuses, les chevaux ou les
femmes à leur toilette recommencés sans cesse.

Persistantes, donc captant l'attention du peintre un
temps plus ou moins long, les images ont un sort varié;
elles peuvent présenter des sortes d'éclipses qui ne sont
pas toujours explicables. On peut citer les saltimban-
ques de Picasso qui envahissent les toiles de 1905 à
1906, donc juste avant le début des expériences cubistes.
Parmi ces personnages, on trouve constamment des Arlequins et des Pierrots qui évoquent plutôt la comédie
italienne que les bateleurs de foire avec lesquels ils
sont confondus. Ceux-ci disparaîtront mais ceux-là
feront leur réapparition vers 1913 et continueront leur
carrière jusqu'en 1925. Il y a cependant une grande
différence plastique entre l'Arlequin adolescent, chétif
et ambigu qui semble toujours en attente dans les espaces imprécis de la période rose, les figures intégrées aux
formes bidimensionnelles de la période cubiste, et enfin
les volumes amples et précis des grands personnages du
Musée de Bâle ou du Musée d'Art Moderne de Paris. Les
mutations du peintre ont métamorphosé l'image, mais
le changement ne l'a pas complètement détruite, et on
doit bien admettre que c'est avec le même personnage
symbolique qu'il continue à dialoguer. L'attachement
de Picasso pour ce thème s'explique probablement par
ce qu'il y a de commun dans des interprétations aussi
discordantes. Partout se retrouve la même gravité mé-
lancolique du personnage, à la fois vrai et faux, tota-

lement inactif dans tous ses avatars, comédien qui a oublié son rôle et dont le déguisement colle à la peau. Le mythe reste vivant, sans cependant être toujours présent, une vingtaine d'années et puis il disparaît. Son apparition coïncide avec une période de crise chez l'artiste, puisqu'un changement radical apparaîtra en 1907, changement dont on sent les premiers signes dans les vigoureux portraits de 1906. Sa réapparition peut avoir un aspect nostalgique, auquel le symbole se prête immédiatement.

Le plus souvent un thème est choisi de préférence à tout autre pendant plusieurs années; il peut se maintenir de manière définitive ou disparaître au bout d'un certain temps. C'est le cas pour les constructions architecturales auxquelles P. Klee s'attache pendant cinq ou six ans et qui semblent une variante d'un thème permanent, la maison. Il arrive qu'un peintre découvre assez tard un motif qu'il exploitera ensuite avec prédilection, ainsi en est-il pour les *Baigneuses* de Renoir, pour la *Sainte-Victoire* de Cézanne, pour les motifs orientaux qui chassent les disques des grandes compositions de Kandinsky, ou pour le grand oiseau blanc qui semble hanter Braque dans ses vieux jours.

La profondeur des relations de l'artiste et de l'image se découvre surtout lorsqu'un thème subsiste pendant la plus grande partie de sa carrière, éventuellement jusqu'à sa mort. C'est le cas pour les personnages masqués d'Ensor, pour les danseuses de Degas, pour Goya qui étudie la tauromachie depuis 1780 et ne se lasse pas d'exploiter ce sujet, dans des gravures ou des tableaux; une de ses dernières œuvres sera en effet le *Taureau de Bordeaux*.

L'apparition de tels motifs peut être accidentelle,

mais leur répétition n'est jamais liée au hasard, ou à la fréquentation de tel ou tel milieu. Degas, par exemple, s'intéresse à la musique et nullement à la danse; il ne se met à visiter les salles d'exercices et les coulisses de l'opéra qu'après avoir découvert son motif pictural; on peut se demander s'il n'en va pas de même pour Rembrandt à propos du quartier juif d'Amsterdam, et pour les courses de taureaux de Goya.

C'est encore plus évident pour Cézanne. S'il est normal que le peintre d'Aix ait choisi comme modèle la Sainte-Victoire, il est beaucoup moins naturel pour lui de répéter des images de baigneurs et de baigneuses (fig. 8). Or, c'est là un thème bien plus persistant et plus fréquent chez lui. Le sujet n'a rien d'inattendu à la fin du XIX° siècle. Le nu en plein air intéresse les impressionnistes, il avait séduit Corot avant eux et les musées, bien entendu, sont pleins de nymphes et de Diane ou de Vénus. Les peintres de mythologie et d'histoire ont multiplié le thème. Ce qui déconcerte dans le cas de Cézanne est qu'il en tire tout autre chose que ses contemporains. Pour les impressionnistes, il s'agit essentiellement de découvrir une unité lumineuse en plaçant le nu en plein air « *là où l'air mange les bords, mais où tout se fond et se confond dans la splendeur de la lumière* [46] ». Pour Cézanne, il faut construire un équilibre complexe entre les corps et la nature. Et lui, qui peint toujours d'après modèle, inventera ses baigneurs et ses baigneuses. Il n'a donc pas été attiré par une expérience qu'il aurait faite mais par le parti métaphorique qu'il pouvait tirer d'une image rencontrée vraisemblablement dans les tableaux des autres. On voit bien que ce

[46] Cité par A. Proust, *Edouard Manet*, Souvenirs publiés par A. Barthelemy, Paris, Laurens, 1913 p. 80.

qui fascine Cézanne, c'est l'opposition entre la chair, les mouvements spontanés, l'équilibre instable des corps et le dessin rigoureux des éléments du paysage; les données antagonistes seront harmonisées par des similitudes formelles: les branches seront parallèles aux membres tendus ou aux corps inclinés, l'unité spatiale, la rigueur des formes mettront en lumière la nécessité absolue de chaque mouvement. L'élan du geste individuel se perdra dans la construction de l'ensemble. Un garçon, qu'on nous montre prêt à plonger, s'immobilise ainsi dans le réseau des lignes qui l'enchaînent; son mouvement prend un sens nouveau, il est construction d'espace stable, comme l'est la forme de l'arbre à laquelle un tracé parallèle l'identifie.

Le retentissement de l'image s'explique par la richesse des symboles et des possibilités qu'elle implique. Les hommes sont représentés dans des espaces découverts, plantés de quelques arbres qui servent de contrepoint aux formes corporelles; les femmes sont situées dans des sortes de criques protégées par des buissons, elles sont généralement penchées les unes vers les autres de manière à former une composition courbe. La différence entre les deux types de baignades est significative. En ce qui concerne les femmes, on reconnaît sans peine le thème symbolique inconscient de l'eau cachée, des profondeurs prénatales, auquel correspond l'image des corps incurvés formant une sorte de grotte de chair et les hanches larges des baigneuses. Si l'on ajoute que les arbres accompagnant les formes masculines ont souvent la forme phallique du cyprès, on comprend que la fascination qu'exercent de tels thèmes sur Cézanne a des racines profondes; mais la construction picturale complète le sens primitif en ma-

nifestant l'unité homme-nature et l'ordre absolu domi-
nant les apparences contingentes. C'est dans ce sens que
Cézanne ne cessera d'étudier et de transformer son
thème dans des versions successives où le mouvement
aura une importance de plus en plus grande.

L'évolution dernière apparaît avec les *Grandes baigneuses* groupées de part et d'autre d'une sorte de chemin qui s'ouvre sous la voûte des arbres. Toutes les
formes sont étroitement solidaires. La crique des compositions plus anciennes a disparu pour faire place à
une route s'ouvrant largement sur une berge éclairée.
L'image obéit à la mutation générale de l'œuvre de
Cézanne qui, à la fin de sa vie, construit ses tableaux
d'une manière dynamique, marquant des directions
sans obstacle. L'importance des courbes et du creuse-
ment de l'espace impose toujours une allusion au corps
féminin, mais la nostalgie du refuge dans le sein ma-
ternel semble avoir disparu.

Si les valeurs symboliques inconscientes peuvent expliquer en partie la fécondité de l'image, le travail
d'organisation du peintre n'est pas moins important.
L'équilibre de taches et de forme que poursuit Cézanne
à travers les variations qu'il impose à son thène, exige
de lui une parfaite maîtrise de chacun de ses coups de
pinceau. L'image ne s'impose pas comme une structure
fixe qu'il faudrait reproduire mais comme un problème
à résoudre, problème dont les données originales sont
incomplètes, ce qui exige des recherches multiples dont
les résultats sont sans cesse remis en question.

Des images comme celles-ci peuvent apparaître
comme la révélation du moyen privilégié d'exprimer
une valeur essentielle, vraisemblablement la réalité authentique pour le peintre; mais le sens de l'image ne

peut être épuisé du premier coup et même elle est toujours considérée comme en deçà de ce qui devrait être révélé dans l'œuvre. Chaque interprétation nouvelle fait apparaître à la fois la fécondité de l'image et l'insuffisance de sa présentation actuelle, c'est ce qui explique que le tableau doit être sans cesse recommencé. Ainsi, Georges Braque, à partir du moment où le motif de l'oiseau apparaît dans son œuvre, l'interroge et le transforme sans cesse, Cézanne agit de même pour ses baigneurs et ses baigneuses, Goya pour les taureaux et la foule qui les entoure et P. Klee pour la flèche ou la maison. Ici apparaît à l'évidence la différence avec les images épisodiques qui ne s'enracinent pas dans l'imagination du peintre.

Il faut remarquer cependant que si certaines images semblent être le noyau de la création pour tel ou tel maître, aucun cependant ne se limite à évoquer un thème unique. La liberté créatrice est suffisante pour que des sollicitations extérieures puissent toujours être reçues et servent à leur tour à d'autres recherches plus ou moins prolongées. Est-il besoin, à ce propos, de rappeler l'extrême variété des motifs traités par Cézanne? Même lorsqu'une image est très envahissante, comme celle de la danseuse pour Degas, du meurtre pour Delacroix, des cyprès pour Van Gogh, elle n'empêche pas le peintre de découvrir et d'essayer d'autres thèmes. L'image a donc quelque chose d'obsédant par sa persistance, elle n'est cependant pas exclusive, c'est un moyen privilégié de s'exprimer, ce n'est pas le seul.

Si le représenté n'a de valeur pour le peintre que comme support du symbole, il acquiert cependant, par là même un certain intérêt. Il est probable que l'épisode de la vie de Goya qui le montre participant à la

vie ambulante d'une quadrida et descendant dans les
arènes est imaginaire, mais il est évident qu'il fré-
quenta assidûment les corridas et, comme le prouvent
ses gravures, manifesta aussi le plus grand intérêt pour
l'histoire de la tauromachie. Mieux que toutes autres
peut-être, les démarches de Monet montrent le peintre
faisant d'abord choix de son motif et en être ensuite
préoccupé au point de le construire dans la réalité. Son
sujet de prédilection est l'eau. Il trouvera d'abord des
rivières et des canaux à peindre à Argenteuil ou en
Hollande et il s'installe sur la berge. Il utilise ensuite
un bateau qui lui permet d'être au milieu de son élément, d'y vivre en quelque sorte. Lorsqu'il s'installe à
Giverny, il transforme le jardin de manière à y faire
naître ses modèles, la pièce d'eau et les nénuphars. De
même que les techniques sont inventées ou transfor-
mées pour parfaire l'expression, de même le modèle est
au besoin créé pour que la métaphore atteigne tout son
sens.

L'apparition des images persistantes dans une œuvre
est relativement tardive et, pour autant qu'on le sache,
coïncide avec la maîtrise de la forme. On ne peut guère
comparer le monde imaginaire de Cézanne tel qu'il
se présente avant 1872 et le thème des baigneuses.
*L'Après-midi à Naples, l'Orgie, la Tentation de Saint
Antoine* sont tout autre chose, les images sont directement érotiques, elles peuvent se raconter et ne sont pas,
dès lors, de véritables thèmes picturaux; dans une certaine mesure, on pourrait dire que le spectacle véritable
aurait plus de sens que la peinture; c'est le contraire
qui se produit pour les baigneuses dont toutes les significations s'expriment par la peinture même. Il semble
donc que la structure de l'espace qui permet à l'image

de trouver sa signification doive être élaborée avant
que le peintre puisse découvrir un thème qui en appro-
fondira le sens. Le cas de la *Scène de Guerre* de Degas
serait donc exemplaire. L'espace qui implique les êtres
en fuite est découvert deux ou trois ans avant que les
formes des chevaux, puis des danseuses viennent y
insérer l'image qui exprimera l'objet du désir. Ainsi
non seulement le sens métaphorique de l'image est
étroitement lié aux structures graphiques et colorées
dans lesquelles elle apparaît mais encore, sa découverte
même est en étroite corrélation avec l'invention des
formes et des constructions spatiales. La signification
de l'œuvre apparaît dans l'unité de données complexes,
unité qui révèle l'attitude personnelle du peintre et l'authenticité de son rapport avec son milieu et avec la
totalité du visible.

IMAGES SCULPTEES

Les symboles naissent, dans la statuaire, du rapport entre le schéma corporel et la matière dans laquelle il s'incarne. Le modèle est, comme en peinture, étranger à la signification de l'œuvre. C'est l'action de Praxitèle sur le marbre qui transforme Vénus en femme, la présence du beau corps de Phrynée n'est qu'une référence accidentelle. C'est en cherchant à faire du marbre une chair que le sculpteur introduit la contingence dans l'Olympe. Mais c'est dans la mesure où sa démarche est incomplète, où la dualité corps-pierre subsiste, qu'un sens métaphorique peut apparaître. Si le marbre exprime vraiment toute la mollesse de l'épiderme, si le jeu des muscles est *vrai,* nous nous trouvons en présence d'un fac-similé du corps, qui peut nous sembler beau ou laid, comme un corps véritable peut nous sembler beau ou laid, mais qui n'annonce rien au-delà. Un réalisme systématique aboutit à la même impasse que la tentative avortée du peintre qui n'arrive pas à intégrer les images dans un espace cohérent. Renvoyer au modèle et à lui seul, c'est renoncer au mode d'expression privilégié du sculpteur.

Prendre à la lettre le mythe de Pygmalion empêche d'atteindre le sens véritable de la statue et son pouvoir symbolique toujours lié à l'incarnation. En revanche, Mérimée dans son conte de la *Vénus d'Ille* donne une version assez exacte de l'image sculptée. On connaît l'histoire: Un jeune homme met, par plaisanterie, un anneau destiné à ses noces au doigt d'une Vénus de bronze. La nuit, la statue viendra partager la couche du fiancé et le brisera entre ses bras de métal. Devenue vivante, elle n'en conserve pas moins sa nature de statue, elle est corps et femme mais toute de métal. Le caractère fantastique et inéluctable de l'aventure dont le déroulement est aussi fatal que celui d'une tragédie vient justement de ce que la confusion entre la Vénus et un être de chair est impossible alors que la vie s'y trouve effectivement incarnée.

C'est bien ce qui apparaît dans la plupart des œuvres qui semblent se limiter à traduire la beauté du corps humain; de Phidias à Maillol on se trouve toujours en présence de formes plus puissantes que nature qui, comme la Vénus d'Ille, doivent leur force tranquille au métal ou à la pierre dont elles sont faites. Il est certain cependant que le sens symbolique est plus complexe. Les femmes géantes de Maillol n'expriment pas la même chose que les bronzes ou les marbres grecs. La conception du corps dans l'espace fournit une série de thèmes iconographiques de significations aussi riches et variées que les images dont se servent les peintres. Ces thèmes permettent aux sculpteurs de manifester leur manière propre de se situer dans l'espace tout en épousant certaines conceptions adoptées par leur milieu.

Le processus est apparemment le même que chez le peintre; après un temps d'hésitation, une certaine image se forme, elle est répétée sous des aspects divers et persiste longtemps, parfois toute une vie. La première étape est généralement dominée par des influences étrangères et par des expériences techniques. Comme le peintre, le sculpteur doit découvrir son moyen d'expression, c'est-à-dire une certaine manière de traiter les matériaux, avant qu'aucune image cohérente ne surgisse. Si on suit, par exemple, la carrière de L. Chadwick, on le voit d'abord créer des œuvres abstraites au moyen de constructions complexes de tringles de métal. On décèle une certaine influence de Calder dans la manière de projeter les formes dans l'espace; il est certain que la signification n'apparaît pas encore clairement et que si, aujourd'hui, nous décelons un certain caractère agressif dans ces sculptures, c'est sans doute parce que nous les comparons à ce que le sculpteur fait par la suite. En fait, le déploiement d'un mouvement vers l'extérieur ne pouvait exprimer l'inquiétant pouvoir des figures qui font directement allusion aux êtres vivants. La succession des types est significative: d'abord ce furent des formes étranges dressées sur des tiges métalliques, qui pouvaient être des pattes, des moignons ou des béquilles. Les corps étaient constitués, comme dans les œuvres actuelles, d'un réseau métallique lié par une sorte de ciment. Peu à peu, les figures de ce bestiaire se mirent à ressembler à des êtres humains, pour devenir finalement des représentations d'hommes et de femmes. La construction schématique, qui en fait un peu des robots, n'empêche nullement l'expression d'un puissant vitalisme et de cette force agressive qui est certainement à l'origine de la recherche. On peut dire qu'au fur et à mesure que le sculpteur travaille, l'image se précise et prend forme. La violence concentrée dans la masse qui n'est encore ni animale ni humaine de la *Lune d'Alabama* deviendra la menace de plus en plus précise des personnages rigides, hérissés, à la fois immobiles et tendus qui apparaîtront par la suite, et demeureront des forces aveugles et insensibles même lorsqu'ils ressembleront à des hommes. Ce qu'impliquaient d'anthropomorphisme les premières constructions, nous ne le voyons qu'aujourd'hui. C'est en interrogeant les images déjà venues au jour sous ses mains que le sculpteur lui-même a pu en développer toutes les virtualités, passant des monstres aux insectes ou aux oiseaux et de ceux-ci aux hommes; il semble chercher incessamment en assemblant les grandes cages de ses constructions, le développement d'un thème unique, la vie menaçante, prisonnière de schémas rigides, agressive faute d'être libre, dérisoire et terrible par le jeu d'une force d'expansion toujours contrariée. Il est très difficile de dire si l'image est née de la technique ou la technique de l'image. L'idée de construire des « choses » à partir de tringles assemblées implique déjà des formes anguleuses, mais la vie est dans l'irrégularité relative de l'ensemble, dans la disposition des pieds qui forment pattes parce qu'ils sont quatre ou deux, et imposent un équilibre qui rappelle celui des bêtes et des hommes, si bien que le rapport avec un corps a pu se manifester au cours du travail. Mais la singularité même de la recherche de Chadwick montre bien qu'il n'était satisfait ni de ses premières œuvres ni de celles des autres et qu'il cherchait à manifester dans l'espace une certaine manière d'être qui n'avait pu s'incarner jusque-là, qui n'avait donc pas encore d'apparaître, de symbole identifiable, et qu'il fallait découvrir à tâtons à travers des assemblages qui peu à peu prenaient sens. La signification apparue est d'abord simplement un équilibre acceptable: une chose qui tient dans l'espace mais aussi, puisque Chadwick a continué dans ce sens, une chose qui remplit mieux son rôle de sculpture que tout autre et, par conséquent, qui annonce une manière authentique d'*être* dans l'espace, de s'y comporter et d'y vivre (fig. 15).

L'image naît au niveau de la fabrication et par approche successive. Un premier objet achevé donne naissance à une figure plus élaborée qui permet de donner un sens de plus en plus précis à l'image. Celle-ci, cependant, ne peut provenir uniquement du travail sur la matière. Créer une sorte de robot agressif et répéter cette forme avec des variantes manifeste qu'une telle figure représente d'une manière privilégiée la présence des autres êtres, hommes ou animaux, ou la sienne propre.

Le peintre révèle le sens de ce qui est à distance de lui, l'image est donc pour lui un certain objet du monde; même offert au désir, il reste à distance puisqu'il est intégré à une construction spatiale. L'image sculptée est plus étroitement liée à la présence dans l'espace de celui même qui la conçoit elle manifeste un projet qui concerne son propre corps, avec ce que cela peut comporter de crainte, d'agressivité, de violence ou d'optimisme. Mais si l'image s'enracine nécessairement dans le corps propre, elle est aussi très souvent allusion à autrui. Cela apporte en sculpture une ambiguïté que nous avons décelée à propos du relief dans les rapports avec l'espace mais qui, au niveau de l'image, se manifeste pour toute sculpture; car là apparaissent non seulement la statique et le développement spatial qui dans la statuaire sont le plus souvent liés à une manière d'éprouver sa propre présence dans l'espace, mais encore ce qu'on doit bien appeler le dehors. Dressée dans l'espace, la statue est nécessairement un objet et son apparaître révèle à la fois l'enracinement dans la vie éprouvée et un aspect qui est aussi présence de l'autre. Cette double source de l'image se manifeste dans les formes matérialisées. Ainsi peut-on dire que Chadwick nous montre à la fois ce qu'il craint d'être et le monde hostile qui l'entoure.

Cette dualité est très évidente lorsqu'on envisage le nombre de figures féminines créées par des sculpteurs qui sont presque toujours des hommes. Par exemple, l'image persistante de Maillol est un corps de femme athlétique. Il est certain que le modelé donne sens à des valeurs proprement épidermiques: chair lisse, rondeurs, douceur de certaines courbes évoquent quelque chose de sensuel; cependant l'épanouissement de la forme, son caractère à la fois puissant et autonome interdisent de voir dans les femmes de Maillol de purs objets du désir. Pour Maillol, de tels corps sont la manifestation la plus parfaite de la vie dans l'espace, c'est-à-dire l'épanouissement de la corporéité humaine comme telle. La bipolarité des images de Maillol s'est particulièrement manifestée lorsqu'il reçut la commande du monument Blanqui. Il décida de symboliser la carrière du tribun, qui avait passé une grande partie de sa vie en prison, par l'*Action enchaînée,* une figure de femme, très vigoureuse, marchant fièrement en dépit des liens qui attachent ses mains. Pour lui, l'*Action enchaînée* représente bien l'homme d'action, la perfection de l'épanouissement corporel qu'il souhaite sans doute pour lui-même, mais elle est aussi, de toutes évidences, la femme objet du désir.

Flaubert pouvait dire « *Madame Bovary c'est moi* », Maillol aurait pu affirmer de la même manière: « *La Méditerranée, l'Action enchaînée, l'Hommage à Cézanne, c'est moi.* » L'ambiguïté de l'image sculptée implique le désir obscur d'être autre; et l'acte même du sculpteur, surtout lorsqu'il s'agit de statues, c'est-à-dire d'images du corps, pourrait bien être toujours lié au projet de s'incarner ailleurs et autrement.

Cela se manifeste plus clairement lorsque les images de la fécondité sont en cause telles qu'on les trouve par exemple dans l'œuvre d'H. Moore. Le thème de la mère et de l'enfant apparaît dès ses premiers essais; par la suite, se fixera la figure sans cesse recommencée de la femme étendue, creusée de cavités profondes. Moore raconte à ce sujet qu'avant d'avoir jamais sculpté, il était fasciné par les cavernes et les carrières. Cette attirance significative précède chez lui l'action d'évider la pierre pour donner forme à ce qu'il appelle « le vide intérieur ». L'unité originelle de l'image du ventre fécond et de la matière au sein de laquelle le geste le fera naître montre bien le caractère complexe de la métaphore du sculpteur. Ce que Moore évoque ici, c'est à la fois la vie qui se forme dans les profondeurs mystérieuses du corps de la femme et les cavernes et les mines qui trouent la terre. La rencontre des deux éléments ramène à des images très primitives du désir du garçon pour le corps féminin, réceptacle d'enfants[47].

[47] M. Klein et J. Rivière, *L'Amour et la Haine*, trad. Stronck, Paris, Payot, 1968, p. 48.

On rencontre ailleurs, d'une manière moins explicite, des images analogues comme, chez Rodin, l'image du vase réceptacle de vie, thème normalement associé aux gestes du modeleur. Il a dit en effet à Gsell : « *J'ai souvent fait asseoir par terre un modèle en lui demandant de tourner le dos de mon côté, jambes et bras ramenés en avant. Dans cette position, la silhouette du dos qui s'amincit à la taille et s'élargit aux hanches apparaît seule et cela figure un vase au galbe exquis, l'amphore qui contient dans ses flancs la vie de l'avenir* [48]. » On peut se demander, par ailleurs, si certaines figures accroupies de Maillol n'ont pas, elles aussi, cette signification qui s'associerait alors à l'idée de plénitude de l'épanouissement corporel qui reste toujours l'aspect plus apparent de ses figures. Même s'il s'agit d'un arrière-plan commun à nombre d'images féminines traitées par des sculpteurs masculins, la valeur attribuée à la fécondité est évidemment plus apparente chez H. Moore et constitue le thème fondamental de sa sculpture ; plus que tout autre, il en découvre sans cesse de nouvelles virtualités où sont associés l'apparaître d'autrui, femme et montagne tout ensemble et le désir de participer lui-même à la fécondité universelle (fig. 13).

LA DIFFICULTE D'ETRE CORPS

Les symboles de la statuaire, nous l'avons vu déjà à propos du temps, postulent, semble-t-il, un optimisme fondamental. L'unité du corps et de la matière établit naturellement l'image de l'épanouissement de la vie désormais invulnérable.

[48] A. Rodin, *L'Art,* Paris, Gallimard, 1967, p. 98.

Mais la présence dans l'espace peut prendre un tout autre aspect; la fragilité et le peu de signification spatiale du corps vécu peuvent être éprouvés avec force et traduits dans les formes, généralement par le truchement de matières malléables, plâtre ou terre. C'est ainsi que Giacometti peut affirmer: « *Si le regard, c'est-à-dire la vie, devient l'essentiel, il n'y a pas de doute: c'est la tête qui est l'essentiel. Le reste du corps est réduit au rôle d'antennes qui rendent la vie possible aux personnages — vie qui se trouve dans la boîte crânienne* [49]. » Ainsi au nom de cette même vie qui fait se déployer les femmes associées aux montagnes ou aux rocs taillés de Michel-Ange ou de Moore, on refuse ici tout déploiement corporel. Si la présence est cette manifestation dont nous parlions à propos du portrait, elle n'a pas effectivement de corps. Il faudra donc réduire au maximum les masses ou les volumes, c'est ce qui explique ces personnages démesurément longs et minces, dont la surface étirée est comme dévorée par l'air, qui peuplaient l'atelier de Giacometti. A la recherche de la ressemblance, c'est-à-dire de l'image vraie de l'être dont il veut traduire la présence, Giacometti raconte qu'il en était venu à réduire sans cesse ses figures. Il ne s'agit nullement de nier l'apparition dans l'espace. Les constructions imaginaires de Giacometti montrent combien il est soucieux de fixer la juste place de chaque chose et de créer des distances entre elles. Mais ces distances doivent nous apparaître par d'autres moyens qu'un simple déploiement physique [50]. L'image, ici, affirme un au-delà de tout déploiement corporel,

---

[49] G. Charbonnier, *Le Monologue du peintre*, Paris Julliard, 1959, p. 167.

[50] J. P. Sartre, *Situation IV*, Paris, Gallimard, 1964, p. 351.

comme le faisait Brancusi, dans un registre tout différent; mais à l'opposé de Brancusi, le changement, les
infinies variations qui peuvent s'établir dans les rapports entre le regard et l'objet, qui n'est pas tout à fait
un objet, puisqu'il s'agit d'une présence humaine, se
manifestent ici et donnent une ambiguïté extrême à
des figures immobiles.

L'image ne s'enracine donc plus dans le corps mais
dans l'apparition elle-même. Elle peut cependant encore avoir la double polarité, moi et autrui mais toujours envisagée à partir d'un regard qui ne peut arriver
à fixer son objet.

Etre plus que corps, c'est-à-dire se manifester comme
présence et regard, impose donc une réduction de l'é-
panouissement corporel; le visage, l'expression deviennent à tel point importants que toute la représentation
est dominée par eux.

Des images très différentes peuvent amener d'autres
altérations du déploiement corporel. Une certaine dé-
préciation de la chair peut rester au niveau viscéral, et
trouver une expression adéquate dans le geste du modeleur. C'est ainsi que H. Read a pu écrire au sujet des
œuvres d'Armitage: « *La vie n'est pas faite d'ordre et de
propreté; c'est une trépidation dans la boue, une tumé-
faction de la chair, une nausée obscène, un ectoplasme
membraneux recouvrant la structure rigide de la matière* [51]. » Ce qui est nouveau dans la conception d'Armitage n'est pas seulement ce caractère élémentaire d'un
corps plus ou moins informe; on le trouverait sans doute sous un aspect ou l'autre chez d'autres modeleurs car

---

[51] H. Read, *Introduction* au Catalogue de l'exposition de Keneth
Armitage, S. W. Hayter, William Scott organisée par le British
Concil, Bruxelles 1959.

il est étroitement lié à la technique, mais c'est surtout l'anonymat de telles figures. Si pour Giacometti, la présence, la sienne ou celle d'autrui, est tout ce qui fait qu'aucun personnage n'est interchangeable, on pourrait dire que, pour Armitage, toute figure est de la terre avant d'être elle-même, et s'ils restent collés les uns aux autres dans des groupes inextricables c'est que ses personnages ne peuvent jamais sortir tout à fait de la glaise originelle. C'est sans doute ce qu'exprime très bien le rapport étroit entre de telles sculptures et le relief (fig. 12).

Des attitudes comme celle de Giacometti et, à l'opposé, comme celle d'Armitage impliquent un certain renouvellement des images sculptées, mais sans doute pas un changement plus radical que ce qui apparaît par exemple dans les formes creusées d'H. Moore. En revanche, lorsqu'on renonce à la cohésion primitive du corps, il est évident qu'on introduit une image qui rompt avec toutes les traditions de la sculpture occidentale. Or, depuis un peu moins de cinquante ans, sont apparues des statues constituées d'assemblages; c'est une façon toute nouvelle d'organiser les matériaux qui implique par elle-même que la croyance dans l'unité fondamentale et originelle du corps est mise en doute. C'est déjà, dans une certaine mesure, ce qui se présente pour les constructions de Chadwick; nous avons dit qu'elles faisaient penser à des robots mais, chez lui, la restauration d'une certaine unité et surtout un véritable dynamisme vital ne permet pas de dire que la notion d'organisme a disparu. Il n'en va pas de même pour des figures comme celles de Gonzalez, par exemple. Dans ce cas, la masse corporelle n'est plus prise en considération. Les personnages sont constitués de tiges rassemblées de manière à former des silhouettes expressives, les points d'attache des différentes parties sont rendus visibles si bien que la juxtaposition des éléments est très apparente. Bien que toutes ces figures fassent allusion à des corps humains on ne peut parler à leur sujet d'une cohésion organique; l'unité est évidemment d'un autre ordre et fait penser à la complexité des rouages d'une machine ou de tout autre objet manufacturé. L'image associe donc l'idée du rassemblement de parties hétérogènes à celle d'un corps. De telles données auraient paru absurdes à des artistes d'il y a un siècle, mais l'usage des machines qui se substituent à notre effort musculaire et deviennent comme le prolongement naturel de notre activité permet d'inverser l'idée ancienne que l'on avait de l'automate. A la machine qui copie les apparences humaines se substitue l'homme qui ressemble à un objet fabriqué. Il faut ajouter que les greffes d'organes ne font que confirmer ce que la physiologie donnait déjà à penser depuis plusieurs dizaines d'années. La notion de corps-machine, telle qu'en parlent des philosophes du XVIIe siècle comme Descartes, ne pouvait être réellement vécue parce qu'elle ne met pas en cause l'unité fondamentale des rapports organiques; c'est la possibilité de substituer un élément artificiel à l'organe d'une part, et d'autre part l'importance croissante des instruments mécaniques qui introduisent une nouvelle image du corps, comme l'annonçaient d'ailleurs les constructions à deux dimensions d'un Max Ernst et les machines de Duchamp.

Il faut toutefois remarquer que cette notion nouvelle n'a pas entraîné la disparition d'autres visions du corps. Moore, par exemple, est né vingt ans après Gonzalez et il songe si peu à une juxtaposition des parties du corps

que, lorsqu'il veut manifester des puissances destruc-
trices, comme dans le *Guerrier mort,* il utilise de tout
autres moyens. C'est dire que notre époque, pas plus
dans ce domaine que dans d'autres, ne manifeste d'unité, c'est bien une période de crise où toutes sortes de
croyances sont possibles.

De même que le vitalisme s'exprime dans une grande
variété d'images, le corps, comme collection de parties
hétérogènes, prend des significations multiples. La complexité des figures de Gonzalez, leur singularité donnent à chaque personnage une individualité très marquée qui apparaît aussi, mais avec un aspect terrifiant,
dans les personnages d'autres sculpteurs comme Fabbri
ou R. Müller; en revanche, les figures de Mary Callery
sont réduites à des rubans de métal qui dessinent des
gestes dans l'espace. Elles sont absolument anonymes
et quasi interchangeables, elles perdent ainsi cette
complexité toujours inquiétante, qui, ailleurs, apparaît
comme un des éléments les plus persistants de cette
image du corps.

LES GROUPES

On peut se demander si le groupe, en tant que groupe,
c'est-à-dire comme rapport entre plusieurs personnages,
plusieurs corps, peut être une image au même sens que
la forme individualisée. Il semble que, le plus souvent,
le sculpteur, pour des raisons qui tiennent sans doute à
la double polarité des images (moi-autrui), n'arrive pas
à la cohérence parfaite lorsque plusieurs personnages
sont envisagés à la fois. Font exception cependant certains couples. Il faut rappeler ici que, pour Lipchitz, la
dualité qui se manifeste dans la lutte et dans l'amour

est en réalité une image extrêmement persistante; on peut se demander toutefois si, en l'occurrence, il s'agit de deux êtres, ou bien plutôt d'un seul en pleine mutation. Dans ce dernier cas, le problème ne se pose plus. Et il semble bien que la plupart des réussites de ce genre soient fondées sur l'idée d'une unité charnelle qui est poussée chez Lipchitz à son paroxysme. Apparaissent en effet comme parfaitement cohérents certains groupes d'amants, comme le *Baiser* de Rodin par exemple ou celui de Brancusi et la mère avec son enfant. Dans les deux cas, le dernier étant beaucoup plus fréquent que le premier, la masse unique des deux corps est une interprétation naturelle de ce qui apparaît aussi au niveau du vécu. Plus singulière est l'apparition de la Pietà que répètent les artistes du Moyen Age et de la Renaissance. On peut se demander si, dans ce cas, la passivité du cadavre n'a pas servi à intégrer plus facilement l'image.

En revanche, si l'on songe à des groupes à figures multiples comme le *Laocoon* ou l'*Enlèvement des Sabines* de Jean de Bologne, on s'aperçoit que, même lorsqu'il y a une véritable cohérence plastique (ce qui est le cas du dernier), elle n'apparaît pas comme une nécessité interne. Le problème de la disposition des personnages dans l'espace a été résolu mais leur association paraît transitoire et contingente, certains artifices restent visibles. La vie appartient à chacune des figures engagées dans le mouvement qui les unit et non à ce mouvement lui-même.

C'est sans doute cette difficulté fondamentale qui a poussé nombre de sculpteurs à se contenter de juxtaposer leurs figures lorsqu'il est question d'en présenter plusieurs à la fois. Ainsi fera Rodin pour les *Bourgeois*

de Calais et H. Moore pour le *Roi et la Reine.* Chaque
figure conserve une véritable autonomie, elle sera isolée des autres, différente, et l'harmonie du groupe naîtra des oppositions et des rapports harmonieux qu'en-
tretiendront des formes manifestant chacune sa valeur
propre. Quand on prend des points de vue différents
sur *le Roi et la Reine,* c'est la dualité qui apparaît sous
de multiples aspects; les masses, les creux et les courbes
s'associent entre eux avec harmonie sans que jamais on
puisse confondre les deux figures. Sans viser un pareil
raffinement, on peut dire que les grands pieux dressés
de Stahli offrent au regard quelque chose d'analogue,
mais le multiple ici est premier, c'est la diversité même
qui donne vie à ces sortes de forêts imaginaires. L'i-
mage, qui n'est plus essentiellement corporelle mais
liée à des formes végétales, peut sans peine donner
naissance à des organisations plus complexes, et, cependant, on se trouve encore devant le même type de
composition.

La disparition des différences individuelles très fréquente dans l'art contemporain semblerait donner une
solution au problème du groupe. Le parallélisme des
figures reste cependant la formule la plus souvent adoptée, c'est la multiplication de l'identique qui permet à
Koenig de grouper ses cavaliers; les formules plus
nuancées d'Armitage supposent cependant l'intégration
d'un plan unifiant les figures, ce qui implique comme,
nous l'avons vu, un rapport très étroit avec le relief; il
reste que, de même que chez Stahli, on se trouve bien
ici devant une image primitive du multiple, puisque
Armitage s'intéresse essentiellement et de manière continue au modelage de ces groupes.

Il faut donc admettre que l'image du groupe est possible, mais qu'elle reste exceptionnelle. L'architecture cependant résout partiellement ce problème. Les frontons de Phidias, pour autant qu'on en puisse juger aujourd'hui, le montrent assez bien. Le mouvement qui lie entre elles les statues du Parthénon prend sens par la forme du fronton. Chaque figure cependant conserve son autonomie, mais sa situation dans l'espace et le déploiement de son geste sont réglés d'une manière qui apparaît comme nécessaire par la forme triangulaire de l'élément architectural à quoi elle s'intègre. L'unité du groupe est bien extérieure aux sculptures, mais ce n'est pas un ordre contingent; par ailleurs, chaque figure peut être conçue pour elle-même l'image du corps n'est donc pas affectée ici par la nécessité d'unir plusieurs personnages.

La manière dont se présente le problème du groupe indique assez que, pour le sculpteur, il ne s'agit pas d'exprimer un rapport avec des objets qui lui sont extérieurs mais, dans la grande majorité des cas, de se projeter lui-même, comme existence spatiale, dans la statue.

LES CONSTRUCTIONS ABSTRAITES

La persistance de certaines formes chez les sculpteurs abstraits pose, comme en peinture, la question de savoir s'il s'agit bien d'images persistantes. Le terme d'image est évidemment approximatif puisque ces formes n'ont pas de correspondant dans les objets du monde extérieur et ne font donc pas allusion à une chose déterminée. Cependant, le retour constant d'une certaine structure ne laisse guère de doute sur les affinités qu'elle présente avec le psychisme de celui qui ne cesse d'en approfondir les variations possibles. On peut dire que les recherches de Pevsner sont liées à un déploiement en hélice et que Max Bill est hanté par un ruban métallique qu'il manie de mille façons diverses et ces formes leur sont propres au même titre et de la même manière que les corps étendus et dorés de H. Moore. On doit donc, là aussi, établir une liaison étroite entre la manière dont l'artiste se situe dans le monde et la persistance de certaines données dans sa sculpture. Pas plus que pour les figures, on ne peut faire de parallélisme avec le comportement de l'artiste, ni avec sa biographie; ce qui apparaît, ici comme là, c'est la nécessité de se situer d'une certaine manière par rapport à sa propre spatialité, ou comme corps ou comme déploiement de mouvement. Exprimer sa vérité propre c'est, pour Max Bill, dérouler ce ruban qui devient tantôt colonne, tantôt coquille. La même nécessité intérieure oblige Pevsner à souder ses minces fils métalliques pour former des surfaces incurvées, et Giacometti à allonger démesurément ses personnages — s'il n'en était pas ainsi, on ne le trouverait pas attaché si longtemps à un même motif — mais c'est une image du mouvement dans l'espace et non de l'être humain comme habitant de ce même espace. Il est évident qu'intervient ici tout autre chose que la pensée du corps éprouvé. L'espace conçu comme dynamique, ni comme habitable, ni comme habité, apparaît ici sous une forme qui, bien qu'elle se veuille objective, renvoit à son auteur pour qui elle est finalement la seule acceptable (fig. 16).

L'image du sculpteur est donc liée à un jugement implicite sur la spatialité. Le plus souvent elle s'enracine dans la corporéité; elle est alors la projection d'un rapport privilégié avec le corps dont elle fait émerger les possibilités de déploiement. Mais il est possible aussi de construire le lieu et non de l'habiter, de dégager l'essentiel du mouvement en feignant de n'y pas prendre part, ce qui implique toujours la disparition de la pesanteur.

Comme celles du peintre, les images du sculpteur, persistantes et d'une fécondité apparemment inépuisable, sont étroitement liées à sa manière propre d'être au monde, de s'engager au sein des croyances de son temps et de les rendre manifestes en érigeant des formes de métal ou de pierre.

Notre existence ne se réduit pas au voir, au toucher, au sentir; cependant l'espace est notre demeure. Cette situation nous est à ce point naturelle que nous en ignorons les significations les plus immédiates; ce sont elles que nous restituent les peintres et les sculpteurs. Ils rendent manifeste et cohérent ce qui, au niveau du vécu, reste le plus souvent obscur et subi passivement; ce qui reste confus en nous, s'ordonne sous leurs mains.

Merleau Ponty écrivait: « *Le peintre réveille, porte à sa dernière puissance un délire qui est la vision même, puisque voir, c'est avoir à distance, et que la peinture étant cette bizarre possession a tous les aspects de l'Etre qui doivent en quelque sorte se faire visibles pour entrer en elle* [52]. » Il faisait aussi la différence entre la vision profane qui s'ignore, et celle du peintre qui est dévoilement.

Nous avons essayé de montrer comment cet univers à distance, inépuisable comme les inventions de la pein-

[52] M. Merleau-Ponty, *L'Œil et l'esprit*, Paris, Gallimard 1964, p. 26.

ture, inépuisable comme nos relations avec l'espace, nous rendait accessible non seulement le visible mais encore tout ce qu'implique notre présence corporelle. Le rôle du peintre est celui, essentiel, de nous révéler les rapports entre la conscience incarnée et les choses. Le tableau apparaît comme un médiateur entre nous et le monde, et sa signification s'étend à la totalité de l'espace. Le sens donné à un objet rejaillit en effet sur tous les autres, puisque ce que nous voyons dans les peintures ne nous renvoit jamais à telle ou telle chose, mais manifeste le degré de réalité du visible et sa valeur; c'est toujours l'apparition qui est en cause, non le représenté.

Rendre visible c'est remonter aux sources d'un savoir antérieur à tout concept pour se situer parmi les choses, mais c'est aussi rendre évident le sens découvert, le faire voir c'est-à-dire dépasser l'idée et le récit pour organiser l'espace même. La moindre ébauche met en cause la cohérence de l'univers et la situation de l'homme. Découverte de signification et d'ordre, l'apprentissage est difficile et long, jamais achevé puisqu'il faut toujours approfondir ce qui une fois est mis à jour et inventer de nouveaux moyens pour montrer ce qui n'a pas encore été vu et qui est déjà présent.

Seul devant sa toile, obligé de prendre parti, d'affirmer ce qu'il croit véritable au moyen d'un équilibre de formes qui coïncide avec son existence même, le peintre n'est pas pour autant détaché de la communauté avec laquelle il vit. Il n'y aurait rien d'authentique dans sa tâche s'il ne partageait les préoccupations et la foi de ses contemporains en les faisant siennes. C'est à travers une adhésion personnelle à des croyances communes, souvent implicites, que se construit l'espace propre à une civilisation, à une époque, parfois à un groupe restreint. C'est à travers la multiplicité de ces options qui n'ont sens pour nous que par l'engagement personnel du peintre, que se découvre le sens ontologique du visible. Nous devons faire effort pour comprendre les constructions spatiales des peintres anciens, qui allaient de soi pour ceux qui vivaient avec eux, et nous ne partageons pas toujours leurs croyances, mais la sérénité de J. Van Eyck et l'angoisse de R. de le Pasture nous parlent directement parce que leur regard a pris un jour possession du monde.

Chaque fois qu'il pose les premières touches sur le panneau vierge, le peintre remonte aux origines et se met en cause avec tout ce qui existe. C'est cette attitude fondamentale, inéluctable dès qu'il ne s'agit pas de copie mais de construction d'espace, qui explique l'apparition du temps dans la peinture. Dans l'immobilité apparente du panneau ou du mur s'inscrit un projet fondamental, le sens que quelqu'un se donne à soi-même, qui éclaire aussi la destinée de tout homme. C'est dans ce contexte que prennent signification les images dont la symbolique est étroitement liée à la manière propre dont chaque peintre inscrit le temps, son propre temps, dans l'espace.

Ainsi, ce qui apparaît dans un tableau bien au-delà du représenté nous donne à voir l'existence humaine telle qu'elle se joue au niveau du vécu; toutes ses démarches sont prises au piège lorsque le peintre réussit, par la cohérence de son œuvre, à donner signification à toutes les virtualités de l'espace comme demeure de l'homme. L'œuvre est à la fois totale, puisqu'elle vise toute la réalité en fonction de l'être incarné que nous sommes, et unilatérale, puisqu'elle ne peut être authentique sans l'engagement d'un certain peintre, d'une certaine époque, toujours limité à sa condition propre.

Kandinsky pensait que toute la vie du peintre était engagée dans son œuvre; on voit que, dans la mesure où il est capable de s'exprimer, de dire le sens de l'espace, il engage aussi celle de ses contemporains et tout ce que draine chaque époque de rapports avec le passé.

Ainsi en va-t-il aussi, dans un registre différent, de la sculpture. Là, ce qui est en jeu, c'est l'incarnation elle-même et non la totalité des rapports avec les choses. Il s'agit encore de rendre visible mais surtout d'établir dans l'espace, de faire cohabiter avec nous cette singulière unité de corps vivant et de matière travaillée qui nous rappelle notre propre manière d'exister, non seulement comme *voyant et visible*, mais comme conscience dans l'opacité du corps, attirance au sol et lucidité, sexe et agilité des membres et nous renvoie en même temps à toute vie que l'habileté de la main puisse manifester dans l'inerte. Les aspects multiples des formes inventées par les sculpteurs, et qui, toutes, doivent nous apprendre à vivre, auraient de quoi nous confondre si nous n'envisagions à la fois l'affirmation absolue de chaque statue qui — si elle a un sens — implique toutes les virtualités de la vie et les limites de l'expérience du sculpteur plus ou moins immergé dans son milieu. On retrouve ici, de la même manière qu'en peinture, la signification à la fois totale et partiale de toute œuvre d'art.

Les sculptures significatives sont cependant plus rares que les peintures cohérentes. Cela s'explique par les difficultés inhérentes à un moyen d'expression qui vise à rendre manifeste ce qui n'est jamais visible, jamais tout à fait à distance, l'incarnation vécue. L'indispensable passage par la main au travail dans la matière, cette étrange connivence qui fait que, bien moins que la peinture, la sculpture est *chose mentale,* montre à quel point elle reste toujours au niveau de l'immédiat, tellement liée à des expériences du corps qu'il y a une audace toute différente à élaborer une statue, à l'ériger dans l'espace qu'à construire une peinture. Touchant à la vie, s'y enracinant, la démarche de la sculpture est plus radicale que celle du peintre. C'est peut-être pourquoi elle cherche souvent appui et détermination dans l'architecture qui lui donne un cadre, un ordre préétabli, qui la dispense de l'affirmation absolue de l'existence incarnée, de cette étrange vigilance au sein de la matière même, si évidente dans les statues des grands maîtres.

Loin de nous divertir, le peintre et le sculpteur nous éloignent de l'imaginaire et nous ramènent à l'existence même. Tout se passe au niveau de notre enracinement commun. Faute de terme meilleur pour dire ce qui échappe à la parole et au concept, nous avons peut-être donné l'impression qu'une volonté délibérée et rationnelle pouvait expliquer certaines démarches ou certaines découvertes des artistes. Le projet de peindre ou de sculpter n'a pas vraiment de sens s'il reste idéal; il est tout entier dans le tableau ou la statue, chose à voir et non à penser. Ni le savoir, ni le métier n'expliquent par conséquent l'équilibre des formes qui donne signification pleine, non seulement au regard mais à la conscience incarnée que nous sommes. C'est du milieu des choses et dans l'immédiateté des rapports avec elles que peut venir l'ordre qui nous permet de nous retrouver parmi elles comme dans notre demeure.

C'est pourquoi ce qui se passe aujourd'hui dans ce

domaine ne peut être envisagé comme un phénomène secondaire. Si ce qui a toujours été dévoilé est notre existence, il en va encore de même. Et s'il est, comme toujours des œuvres inaccomplies, leur balbutiement est cependant significatif dans la mesure où il est l'écho des découvertes des autres ou d'un cheminement encore obscur. La faiblesse de certaines réalisations n'enlève rien à l'aspect révolutionnaire de l'évolution de l'art depuis 1910, aspect qui s'accentue encore depuis quinze ou vingt ans. L'art abstrait, les collages, les mobiles ne sont pas des recherches d'amuseurs; l'art change parce que le monde où nous vivons est neuf et que notre espace est à inventer.

Les métamorphoses actuelles touchent à l'essentiel. Depuis des millénaires, le rapport de l'homme et de l'espace se donnait, à travers les formes des peintres et des sculpteurs comme un champ de virtualité. Peinture et sculpture étaient comme une invite à découvrir les inépuisables possibilités du visible. L'ordre des choses, la vie même nous étaient offerts comme projet. Les œuvres faisaient appel à notre adhésion, nous étions face à face. Dans les formes immobiles, c'est notre regard qui découvrait les mouvements et les chemins. Cette attitude fondamentale, celle du spectateur sollicité par les significations qu'on lui révèle, subsiste pour une bonne part des œuvres contemporaines. L'apparition des assemblages et des amalgames en sculpture annonce dans notre vie des mutations essentielles; mais notre rapport avec les statues n'est pas changé pour autant, le dévoilement requiert notre adhésion à cette vie qui s'incarne autrement, à côté de la nôtre. Il en va de même pour le sens nouveau que prend l'image ou les textures des formes dans les collages ou dans l'art

pop. La dialectique de l'espace et du projet reste inchan-
gée. Une mutation plus radicale intervient lorsque c'est
le caractère virtuel des arts de l'espace qui est mis en
cause. L'apparition et la multiplication des mobiles,
qu'ils appartiennent à l'art optique des peintres de l'é-
cole de Vasarelly ou à toute autre invention, annoncent
une manière nouvelle de s'exprimer. Il est impossible
de dire aujourd'hui s'il s'agit, comme nous en avons
avancé l'hypothèse, d'un huitième art ou si ces formules
tendent à remplacer sculpture et peinture. Dans ce dernier cas, on verrait disparaître, au profit des mouvements réels, les virtualités anciennes et par conséquent
la participation personnelle à l'élan d'une œuvre. Si,
comme nous le croyons, ce sont ces mouvements vir-
tuels qui expriment le temps et l'engagement propre de
l'artiste, ce caractère personnel de l'œuvre serait également effacé. Les changements optiques et les mouvements réels nous introduiraient à des formes objectives
dont nous pouvons être les témoins impartiaux et émer-
veillés sans que nous soient révélés nos rapports vécus
avec l'espace ni ce libre projet d'existence qu'on nous
invitait à reprendre en charge. Le spectacle prendrait
le pas sur les implications multiples des rapports de la
conscience et de l'espace.

Ce qui nous est donné à voir ainsi n'est cependant ni
faux ni arbitraire; il est important de découvrir et de
reconnaître cet univers objectif et mobile — sur lequel
nous n'avons pas de prise et dans lequel notre conscience ne peut en aucune façon se projeter — et ce
temps étranger au nôtre parce qu'il n'implique ni projet ni destin.

Plus spectaculaire encore est le renversement de situation qui se manifeste dans toutes les variétés de cons-

tructions imaginaires. Le lieu et ses modalités propres deviennent bien plus importants que le corps vécu. Ici encore, on passe du dedans au dehors, de la conscience de soi aux déterminations extérieures. Les premières formes de ce genre étaient assez ambiguës puisqu'elles créaient un vide où nous pouvions nous projeter. Actuellement, on nous offre des structures closes dont nous devenons l'occupant réel. Seuls nos déplacements nous permettent de découvrir des perspectives changeantes. Nous ne cohabitons pas avec la sculpture et il n'est plus question de vivre, pas plus qu'il n'est question de projet en ce qui concerne les mobiles; nous nous trouvons à l'intérieur de structures sur lesquelles notre adhésion ou notre refus n'ont plus de prises. Cela aussi a un sens, car il s'agit bien d'une dimension de notre existence que ni la peinture ni la sculpture traditionnelles ne pouvaient nous faire éprouver.

On peut voir dans ces formes l'aboutissement des recherches d'art objectif des constructivistes et de Mondrian. Même s'il s'agit d'une voie parmi d'autres, elle implique un nouvel humanisme, sans engagement et sans destin.

L'extrême richesse de notre temps est sans doute de nous permettre de cohabiter avec une diversité extraordinaire de formes, de nous faire assister à la naissance d'un nouveau langage sans que, pour autant, l'ancien soit mort. De nous permettre pour la première fois de considérer l'étrangeté extérieure de notre situation spatiale et cependant d'être encore atteint par tout ce qui sollicite notre liberté à travers l'espace que construisent toujours les peintres et les sculpteurs, donnant forme à notre projet d'existence.

TABLE DES MATIERES